Hrsg. von der Höheren Forstbehörde Westfalen-Lippe

DIE WALDLERN-RALLYE

Arbeitshilfen für Walderkundungen und Waldjugendspiele

Landesforstverwaltung NRW

Verlag an der Ruhr

Impressum

Herausgeber:
Höhere Forstbehörde
Westfalen-Lippe,
Nevinghoff 40,
48147 Münster

Redaktion:
Bernhard Düsterhaus,
Adalbert Koch,
Ulrich Lange,
Edgar Rüther,
Hans Schild,
Gerhard Schreiber

Sabine Schmitz
(Verlag an der Ruhr)

Titelbild:
Ulrike Stöppelkamp
unter Verwendung eines Photos
von Lothar Jagusch

Satz & Layout:
Monika Helwig
Ulrike Stöppelkamp

Druck:
Uwe Nolte, Iserlohn

Verlag:
Verlag an der Ruhr
Postfach 10 22 51
45422 Mülheim an der Ruhr
Tel.: 0208 / 49 50 40
Fax: 0208 / 495 0 495

© Verlag an der Ruhr, August 1995

ISBN 3-86072-216-6

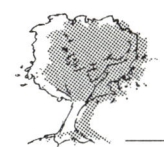

Ein weiterer Beitrag zum Umweltschutz:

Das Papier, auf dem dieser Titel gedruckt ist, hat ca. **50% Altpapieranteil,** *der Rest sind* **chlorfrei** *gebleichte Primärfasern.*

Kopieren für die Schule und die Lerngruppe

Als Käufer dieses Materials erhalten Sie das Recht, einmalig Kopien für Ihre Klassen und Lerngruppen zu ziehen. Kopien zu anderen Zwecken oder in anderer Menge sind Raubkopien und gefährden die Existenz des (Ihres) Verlags und seiner Mitarbeiter.
Wir hoffen auf Ihr Verständnis und danken dafür.

Dasselbe noch einmal juristisch:
Urheberrecht und Vervielfältigungen
Dieses Werk ist urheberrechtlich geschützt.
Alle Rechte der Wiedergabe, auch in Auszügen, in jeder Art (Fotokopie, Übersetzungen, Mikroverfilmung, elektronische Speicherung und Verarbeitung) liegen beim Verlag.
Der Verlag räumt dem Käufer dieses Werkes das Recht zur einmaligen Kopie für die Stärke einer Lerngruppe ein.
Zuwiderhandlungen können strafrechtlich verfolgt werden und berechtigen den Verlag zu Schadensersatzansprüchen.

Inhalt

• Vorwort	4
• Zur Einführung	5
Natur- und Umweltschutz im Unterricht der Schulen	5
Welches Ziel hat die Waldlernrallye?	6
Was heißt Waldlernrallye?	7
• Vorbereitung	9
"Mitspieler" (Partner) suchen	9
Auswahl des Geländes	10
Gestaltung des Fragebogens	11
Praktische Gestaltung des Parcours	13
Einladung	14
Ablaufplanung	15
• Durchführung	16
Einführungsveranstaltung	16
Ablauf am Veranstaltungstag	16
Abbau des Parcours	17
Abschlußveranstaltung	17
Nachlese	18
Hinweise zur Weiterverwendung des Parcours	18
Ablaufschema	19
• Material für Fragebögen	20
Infoblatt Fragebögen (für Kinder)	21
Fühl- und Machaufgaben	22
Artenkenntnis	26
Waldbau	30
Erholungseinrichtungen	37
Kulturhistorische Besonderheiten	39
Schätz- und Rechenaufgaben	41
Jagd	43
Naturschutz	45
Laufstationen	47
Blankovorlagen	50
• Anhang	59

Vorwort

Wald erfüllt viele Funktionen. Als naturnahes Ökosystem ist er Lebensraum einer Vielzahl von Tieren und Pflanzen und verwirklicht im allgemeinen zugleich Nutz-, Schutz- und Erholungsfunktion. Gerade im bevölkerungsreichsten Bundesland Nordrhein-Westfalen ist Verständnis und Begeisterung für den Wald von besonderer Bedeutung für seinen Erhalt. Und diese Begeisterung erreicht man am besten durch persönliche Erfahrungen mit dem Wald vor Ort.

Aus diesem Grund sind Waldführungen durch Forstleute, Waldlernrallyes und ähnliches wichtige Bestandteile der forstlichen Öffentlichkeitsarbeit. Besonderes Augenmerk wird dabei auf die Kinder und Jugendlichen gelegt, die in der Zukunft über die Geschicke des Waldes entscheiden werden.

Die in dieser Sammelmappe vorgestellten Informationen richten sich an Lehrkräfte und Forstleute, die sich mit Waldführung und Waldlernrallyes befassen. Sie sollen Hilfe geben, allen Beteiligten ein positives Walderlebnis zu ermöglichen.

Münster, im Juni 1995

Rudolf Gerbaulet
Ltd. Forstdirektor der
Höheren Forstbehörde Westf.-Lippe

Zur Einführung

Natur- und Umweltschutz im Unterricht der Schulen

Für den Natur- und Umweltschutz gibt es wissenschaftliche, pädagogische, ökologische, genetische, ökonomische, psychologische und natürlich auch ethische Argumente. So versteht es sich von selbst, daß Natur- und Umweltschutz fächerübergreifende Aufgaben der Schule sind.
Schon 1956 forderten die Kultusminister, daß Naturschutz in allen Schulformen thematisiert werden müsse, und zwar vornehmlich im Biologie- und Erdkundeunterricht. Dabei war der Biologieunterricht zumeist stark artmonographisch ausgerichtet (und ist es häufig immer noch), und ökologische Zusammenhänge wurden (und werden) kaum erwähnt.
Im Erdkundeunterricht gibt es dagegen praktisch kein Thema, das sich nicht mit dem Menschen in der Auseinandersetzung mit seiner Umwelt befaßt. Dies ist jedoch oft mit den Nachteilen von "Schülerferne" behaftet. Die Behandlung des Themas "Natur- und Umweltschutz" bedarf also auch hier einer didaktischen Aufarbeitung.
Engagierte LehrerInnen finden zahlreiche Möglichkeiten, Natur- und Umweltschutz mit ortsbezogenen und handlungsorientierten Themen im Unterricht zu behandeln, insbesondere bei Unterrichtsgängen, Projektunterricht, Projektwochen, Schulwanderungen und Schulfahrten. Wichtig sind:

- eigene Mitarbeit der Kinder an Naturschutzprojekten,
- Bewußtmachung der gewaltigen Eingriffe in die heimische Landschaft,
- Erarbeitung der wichtigsten rechtlichen Grundlagen,
- Behandlung der Gefährdung ganzer Tier- und Pflanzengruppen,
- Naturbegegnung im eigenen Lebensraum.

In den Richtlinien für Schulwanderungen und Schulfahrten in NRW wird die Umwelterziehung ausdrücklich angesprochen. Es heißt dort u.a., daß "bei Schulwanderungen und Schulfahrten die sich bietenden Gelegenheiten zu nutzen sind, Fragen des Umweltschutzes, des Naturschutzes und der Landschaftspflege zu behandeln" und "daß Schulwanderungen dem Erleben der freien Natur und Landschaft, vorzugsweise auch der Erkundung der näheren heimatlichen Umgebung dienen" - und genau dies wird mit der Waldlernrallye beabsichtigt.
Landschaften wahrnehmen, verstehen und genießen lernen, sie mit ihrer Geschichte und ihren Problemen kennenlernen und - wenn möglich - auch bei der Erhaltung der Umwelt mithelfen, dies ist Umwelt- und Naturerziehung im besten Sinne.

Zur Einführung

Welches Ziel hat die Waldlernrallye?

Ziel der Umwelt- und Naturerziehung sind junge Menschen, die nicht nur viel wissen, sondern die sich aufgrund ihres Wissens umweltgerecht verhalten und zum Schutz der Natur beitragen.

Anders ausgedrückt:
Ziel der Waldlernrallye ist es, zum ökologischen Denken und Handeln zu erziehen.

Entscheidende Fragen sind dabei:

- Wie kann man Naturerfahrung und Naturerleben vermitteln?
- Wie stellt man Handlungsmöglichkeiten vor?
- Wie erreicht man es, daß junge Menschen nicht nur lernen, sondern auch etwas tun?

Im schulischen Unterricht oder im Freizeitbereich fühlen sich die Kinder bei sogenannten "Fernthemen" in der Regel nicht betroffen. Wenn nun diese Fernthemen durch "Nahthemen" ersetzt werden, ändert sich außer der räumlichen Distanz kaum etwas. Alles bleibt weitweg, ist unverfänglich und unverbindlich. Ein emotionaler Bezug, der zu einer Verhaltensänderung führt, wird meistens nicht erreicht.
Unterricht oder Arbeit in Kinder- und Jugendgruppen, die sich nur auf Themen ohne Nahraumbezug und ohne eigene Handlungsmöglichkeiten konzentrieren, können ihre Aufgabe im Sinne von Verhaltensänderung nicht erfüllen. Kinder, aber auch LehrerInnen, Eltern und GruppenleiterInnen brauchen persönliche Erfahrungen in ihrem Umfeld. Das Original (die Umwelt, die Natur, der Wald) muß wieder an die Stelle des Mediums treten (originale Begegnung).
Eine Waldlernrallye kann dazu einen wichtigen Beitrag leisten. Sie stellt in der Regel einen Impuls dar, der die Beteiligten zum Nachdenken anregt und sie ermuntert, möglichst häufig Lernorte in der Natur aufzusuchen. Kausalzusammenhänge in der Natur können so besser begriffen und fächerübergreifend behandelt werden.

Zur Einführung

Was heißt Waldlernrallye?

Eine Waldlernrallye ist im weitesten Sinne ein Lernpfad. Im Unterschied zu den häufig anzutreffenden Waldlehrpfaden, die auf Tafeln entlang des Weges mit Texten und Schaubildern naturkundliche Informationen vermitteln, fordern Lernpfade zum Beobachten, Erkennen und Handeln auf. Die Waldlernrallye ist eine organisierte Begehung eines solchen Lernpfads und erweitert dessen handlungsorientierten Ansatz. Sie findet in der natürlichen Umgebung der jeweiligen Gruppen statt. Die kultur- und naturgeschichtlichen Sehenswürdigkeiten in Feld und Wald werden einbezogen. An farblich gekennzeichneten Stationen muß beobachtet, nachgedacht, erkannt und festgestellt werden. Körperliche Aktivitäten durch sportliche Übungen, Tasten, Riechen und Fühlen lassen die Kinder von reinen KonsumentInnen zu Akteuren werden.

Lernpfade sind so zu "Naturerlebnispfaden" geworden. Damit wäre der Punkt erreicht, der als mögliche Lösung zumindest für Teile der Natur- und Umweltproblematik geeignet erscheint: Das **Begreifen ökologischer Zusammenhänge** über das **Erlebnis**. Der Schritt zum entsprechenden Handeln ist dann leichter getan. In diesem Sinne zeichnet sich die Waldlernrallye also durch folgende Besonderheiten aus:

- Fragen nur mit Bezug zur Örtlichkeit,

- kein Wettbewerbscharakter,

- keine künstlichen Stationen (z. B. Tafeln),

- Naturerfahrung über alle Sinne,

- besondere Vor- und Nachbereitung durch die beteiligten PädagogInnen.

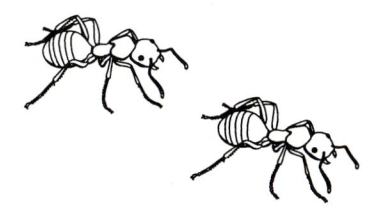

Zur Einführung

Zum Schluß noch einige Erläuterungen zur Handhabung der Mappe:

Die hier vorgestellten Materialien wurden von Mitarbeitern der Höheren Forstbehörde Westfalen-Lippe entwickelt. Sie waren ursprünglich (und bleiben es natürlich auch) für die von den Forstämtern für Schulen organisierten Rallyes konzipiert, die vielerorts als "Waldjugendspiele" bekannt sind.

Die Materialien sind aber so variabel, daß sie auch unter ganz anderen Rahmenbedingungen eingesetzt werden können und sollten: für Ausflüge mit nur einer Klasse, für Kinderhorte, für Veranstaltungen von Jugendgruppen ... bis hin zu Familien, die den Sonntagsausflug in den Wald einmal ganz anders gestalten möchten. Alle, die irgendwie mit Erziehung zu tun haben, werden deshalb in diesem Band zumeist mit "PädagogInnen" bezeichnet. (Ausnahmen finden sich dort, wo die Tips zur Vorbereitung ausgesprochen schulischen Charakter haben.)

Die Mappe gliedert sich in drei Teile. Zunächst finden Sie Tips zur Vorbereitung einer Waldlernrallye. Der Mittelteil enthält Kopiervorlagen für die Gestaltung von Fragebögen, den Schwerpunkt bilden dabei fertig ausgearbeitete Fragen. Im Anhang werden Formulare und "Dokumente" vorgestellt, die Ihnen bei der Vorbereitung, Durchführung und Nachbereitung einer Waldlernrallye von Nutzen sind.

Die Materialien stellen ein Angebot dar. Eine "Großveranstaltung" mit 50 oder mehr Kindern muß natürlich anders organisiert werden als eine Rallye mit 8 oder 10 Kindern, bei der man auf einen Großteil der hier vorgestellten Planungsschritte verzichten kann. Auf jeden Fall ist es ratsam, sich vorher mit dem örtlichen Forstamt in Verbindung zu setzen. Hier kann man manchen guten Tip bekommen - und ein vorheriger Kontakt schützt auch davor, daß sich die staatliche Autorität im Walde beim Anblick allzu eifriger WaldbesucherInnen unangenehm überrascht zeigt...

So, und jetzt viel Spaß bei Ihrer Waldlernrallye!

Vorbereitung

"Mitspieler" (Partner) suchen

Für den Erfolg der Rallye sind sachkundige Partner notwendig.

- **Schulen** und/oder das zuständige **Schulamt** sollten an der Vorbereitung beteiligt werden, damit pädagogische Aspekte und die spezifischen schulischen Belange (z. B. Ferien, Lehrpläne, Projektwochen) berücksichtigt werden können.

- Eine **Koordinierungsstelle** (z. B. die untere Landschaftsbehörde der Kreisverwaltung oder das Schulamt) ist hilfreich für die Gesamtplanung, die Pressearbeit und den Druck der Fragebögen.

- Da es für öffentliche Verwaltungen, Schulen oder Jugendgruppen schwierig ist, Gelder für attraktive Preise aufzubringen, sollte man sich um **Sponsoren** bemühen. Hier kommen Banken, ortsansässige Geschäfte und Firmen, aber auch Vereinigungen wie die Schutzgemeinschaft Deutscher Wald oder der Landesjagdverband in Betracht. Die Koordinierungsstelle sollte Kontakt zu diesen Institutionen aufnehmen.

- Die **Waldjugend, Pfadfindergruppen** oder die **Naturfreundejugend** können bei der Betreuung auf dem Parcours mithelfen oder eine Verpflegungsstation einrichten.

- Die **Schirmherrschaft** durch eine bekannte Persönlichkeit wertet die Veranstaltung auf.

Vorbereitung

Auswahl des Geländes

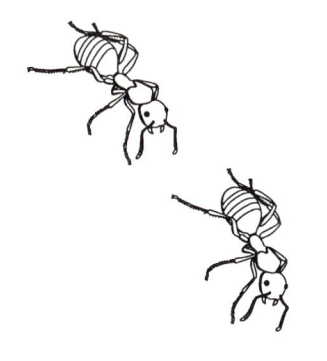

Folgende Aspekte sind bei der Auswahl des Parcours für die Waldlernrallye wichtig:

- Die Länge der Gesamtstrecke sollte vier bis sechs Kilometer betragen.

- Der Verlauf sollte möglichst abwechslungsreich sein (Laub-, Nadel- und Mischwald, Freiflächen, Täler, Wasserläufe, etc.).

- Steigungen sollten der jeweiligen Altersstufe entsprechen. Für Grundschulkinder sind geringe Steigungen sinnvoll, während in der Sekundarstufe steile Abschnitte am Anfang des Parcours den ersten Bewegungsdrang mindern können.

- Rundwege sind optimal, solange die ersten Gruppen nicht schon wieder eintreffen, bevor die letzten gestartet sind. Bei Großveranstaltungen ist daher unter Umständen eine räumliche Trennung von Start und Ziel sinnvoller.

- Überquerungen öffentlicher Straßen müssen strikt vermieden werden! Sie bergen ein zu großes Gefahrenpotential.

- Es sollten überwiegend befestigte Waldwege benutzt werden.

- Pausenstationen (z. B. Schutzhütten) werden gern angenommen.

- Wichtig ist auch eine problemlose An- und Abfahrt für Busse. Optimal sind Start- und Zielpunkte in der Nähe von Haltestellen öffentlicher Verkehrsmittel.

- Bei der Auswahl und Gestaltung des Parcours sollte man bereits die spätere Verwendungsmöglichkeit im Hinterkopf haben (vgl. S. 18).

Vorbereitung

Gestaltung des Fragebogens

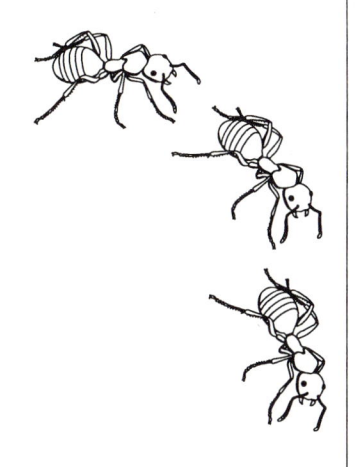

Tips für die inhaltliche Gestaltung des Fragebogens:

99 Die Fragestellung muß der jeweiligen Alters- bzw. Zielgruppe nach Themen, Inhalten und Vokabular angepaßt sein. Die Aufgaben sollten so gestellt werden, daß eine Lösung auch ohne viel Fachwissen möglich ist. Motivationsfördernd sind hier insbesondere Aufgaben, die durch Nachdenken und logisches Kombinieren beantwortet werden können.

99 Die Anzahl der Stationen sollte 20 nicht überschreiten, um die Aufnahmefähigkeit sowie den Spaß an der Sache zu erhalten.

99 Um möglichst viel Abwechslung und Spannung in den Parcours zu bekommen, empfiehlt sich eine Dreiteilung in Übungen, bei denen es etwas zu tun gibt, Laufstationen und Stationen (näheres hierzu s. S. 20)

99 Als Themenbereiche für Aufgaben können besonders gut eingebracht werden:

- Artenkenntnis (z.B. Bestimmungsaufgaben, Fraß- und Trittspuren, Brutstätten),
- Waldbau (z.B. Nadel-, Mischwald),
- Erholungseinrichtungen (z.B. Schutzhütten, Wanderwege (mit Wanderzeichen), Wassertretbecken),
- kulturhistorische Besonderheiten (z.B. Kohlenmeiler, Wälle, Niederwald),
- Naturschutz (z.B. seltene Pflanzen und Tiere),
- sachbezogene Schätz- und Rechenaufgaben (z.B. Baumhöhenschätzungen oder Volumenrechnung),
- ökologischer Nutzen des Waldes (z.B. Luftreinhaltung, Wasserfilter),
- Jagd.

Wichtig ist hierbei, daß sich die Themenbereiche sinnvoll überschneiden, um die komplexen Zusammenhänge des Ökosystems Wald und der Einwirkung des Menschen zu verdeutlichen.

Bei der Konzeption des Fragebogens sollten Forstleute und PädagogInnen eng zusammenarbeiten.

Vorbereitung

Tips für die äußere Gestaltung des Fragebogens:

99 Das Format DIN A4 vereinfacht die Vervielfältigung.

99 Abbildungen und Zeichnungen erleichtern die Bearbeitung der Fragen.

99 Kleine Bilder oder Comics zwischen den Aufgaben lockern den Fragebogen auf.

99 Auf der Frontseite deutlich sichtbar die Veranstalter (ggf. Logo) nennen.

99 **Ausdrücklich hinweisen auf:**
- die fünf Waldgebote (s. S. 70)
- Besonderheiten des Parcoursverlaufs
  (z.B. Richtungspfeile an Kreuzungen)

99 **Beifügen:**
- Blatt- und Baumabbildungen der anzutreffenden Arten als Bestimmungshilfe
- Kartenausschnitt (1:10.000) mit Wegeverlauf und Stationsmarkierung als Orientierungshilfe

Und noch einige Tips:
Bei größeren Veranstaltungen ist es möglich und sinnvoll, den Fragebogen in größeren Behörden (z. B. Stadt- oder Kreisverwaltung) drucken zu lassen. Hierfür verantwortlich ist bei überörtlichen Veranstaltungen die Koordinierungsstelle.
Für jedes Kind ist ein Fragebogen erforderlich.

Vorbereitung

Praktische Gestaltung des Parcours

Der Parcours sollte nur gemeinsam mit einer/m PädagogIn vor Ort erarbeitet werden. Es ist sinnvoll, ausschließlich die vorhandenen örtlichen Gegebenheiten zu berücksichtigen. Präparate und ähnliches müssen nicht gerade im Wald ausgestellt werden (kein Museum im Wald). Die Kinder sollen Dinge erfahren, die sie auch in ihrer Umgebung wiederfinden können (z.B. zu Hause oder beim Spaziergang mit den Eltern). Für die praktische Gestaltung sind folgende Hinweise wichtig:

- Zur Entzerrung sollten am Anfang mehr Übungen oder Stationen stehen als am Ende. Sportliche Übungen (z.B. einen Raummeter Holz aufstapeln) lenken den Bewegungsdrang und motivieren schon zu Beginn.

- Die Abstände der Stationen sollten mindestens 100, besser aber 200 Meter betragen, um eine klare Gruppentrennung zu ermöglichen. Die Markierung der Stationen ist in der Regel notwendig, da die Kinder nur mit Hilfe der Karte und anhand der Aufgabenstellung die Punkte nicht selbst finden. Die Punkte können durch feste Markierungen (Farbe) kenntlich gemacht werden. Markierungen mit Schildern oder Nummern werden dagegen gern verändert oder beschädigt... und müßten außerdem mit zusätzlichem Aufwand nach der Parcoursbenutzung entfernt werden.

- Die Aufgaben an den Stationen sollten auf einen engen Bereich beschränkt bleiben, den man vom eigenen Standort einsehen kann. Sie sollten durch genaues Hinsehen und Beobachten nur an dieser Stelle beantwortet werden können. Die Fragen sind so zu stellen, daß sie nicht im Klassenzimmer bzw. Gruppenraum oder mit Hilfe eines Buches gelöst werden können. Optimal ist es, wenn man eine kurze Information gibt und dann dazu ein oder zwei Fragen stellt.

- Es empfiehlt sich, Stationen an Wegekreuzungen und Abzweigungen einzurichten, um die Orientierung zu erleichtern.

- Um eine abwechslungsreiche Bearbeitung zu ermöglichen, sollte ein stetiger Wechsel von Fühl- und Machaufgaben (ruhig mit spielerischem Charakter), Laufstationen (Öffnen des Blickes für die Umwelt) und Stationen (konzentrierte Lösung von Aufgaben) geplant werden.

Vorbereitung

Einladung

Der am besten geeignete Zeitpunkt für die Durchführung einer Waldlernrallye ist die Zeit nach den Sommerferien (September bis in die erste Oktoberwoche).

- Die Vegetation (z. B. Blütenpflanzen, Sträucher, Früchte) ist noch gut zu erkennen.

- Die Wetterlage ist oft angenehmer und beständiger als im Hochsommer.

- Einige Wochen nach Beginn des neuen Schuljahres ist wieder weitgehend Normalität eingekehrt (Stundenplan, Rhythmus in der Freizeitgestaltung).

- Die GewinnerInnen haben im Laufe des Schuljahres Zeit genug, ihre Preise einzulösen (Jugendwaldheimaufenthalte, Fahrten).

Die OrganisatorInnen sollten drei bis vier Monate vor der Veranstaltung zur Waldlernrallye einladen. Die frühe Einladung insbesondere an die Schulen soll verhindern, daß der Termin in der besonderen Situation vor den Schulferien (Konferenzen) vergessen wird. Bewährt hat sich die Zusammenarbeit mit den Schulämtern, die die Adressen der Schulen zur Verfügung stellen.

Die Einladung enthält:

- Termin der Waldlernrallye,
- Zielgruppe,
- Anmeldeschluß mit Anmeldeformular (Der Anmeldeschluß sollte etwa vier Wochen vor der Waldlernrallye liegen.),
- ein (mehrseitiges) Informationsblatt.

Beispiele hierfür finden sich im Anhang (ab S. 59).

Falls Schulen beteiligt sind, wird ihnen auch empfohlen, die Waldlernrallye als Wandertag zu nutzen. Es ist sinnvoll und steigert den Erfolg der Waldlernrallye, sie nicht in einen 6-Stunden-Tag zu pressen.

Gleichzeitig mit der Einladung geht eine Pressemitteilung mit allgemeinen Informationen über die Waldlernrallye an die Zeitungen und lokalen Fernseh- und Radiostationen. Eine weitere Pressemitteilung erfolgt zur "Erinnerung" etwa eine Woche vor Anmeldeschluß.

Vorbereitung

Ablaufplanung

Die Gruppen, die sich für die Waldlernrallye angemeldet haben, erhalten zwei Wochen vorher einen Ablaufplan mit folgenden Angaben:

- Ortsangabe mit Anfahrtskizze,
- Startzeit und voraussichtliche Dauer (einschließlich Pufferzeit) der Rallye,
- Empfehlungen über Kleidung und Ausrüstung.

Die Gruppen müssen bereits bei der Ablaufplanung über die erforderliche Kleidung und Ausrüstung informiert werden (mit dem Hinweis, sich nicht auf den Wetterbericht am Vorabend zu verlassen!).

Das Wetter spielt eine entscheidende Rolle bei der Waldlernrallye. Wetterfeste Kleidung der TeilnehmerInnen ist Grundvoraussetzung. Hierzu gehören:

○ Regenjacke/Regenschirm

○ festes Schuhwerk/Gummistiefel/Wanderschuhe

Ein absolutes Muß bei der Ausrüstung sind:

- Schreibunterlage mit Bleistift und Klarsichthülle
  (Kugelschreiber schreibt nicht bei feuchtem Wetter!)
- Rucksack mit Verpflegung
  (Butterbrote, Obst, Getränke)

Motto: Was Du auspackst, pack auch wieder ein.

Gruppen aus dem Veranstaltungsort sollten zuerst starten, da Sonderfahrten mit Bussen von den Verkehrsbetrieben oft nur nach und zwischen der Hauptschulzeit von 08.00 bis 12.00 Uhr angeboten werden können.
Die Startzeiten der teilnehmenden Gruppen liegen im Idealfall im Abstand von 15 Minuten.

Durchführung

Einführungsveranstaltung

Die Einführungsveranstaltung, die in der Regel einen Tag vorher stattfindet und für die zweckmäßigerweise Anwesenheitspflicht besteht..., soll die beteiligten PädagogInnen und Forstleute auf die Waldlernrallye einstimmen, letzte Unklarheiten beseitigen und mit der Örtlichkeit vertraut machen. An den einzelnen Stationen werden die Fragen und Aufgaben mit den Musterlösungen durchgesprochen und organisatorische Fragen geklärt (zur Verfügung stehendes Fachpersonal (Förster, Waldjugend), Ablauf der Veranstaltung, Nachbereitung (evtl. kann ein gemeinsamer Lösungsbogen erstellt werden)).

Während der Einführungsveranstaltung werden die einzelnen Stationen des Parcours gekennzeichnet und die benötigten Hilfsmittel kontrolliert (Tastkästen, Baumscheiben). Für die dauerhafte Markierung der einzelnen Stationsnummern eignet sich die im Forst übliche Sprühfarbe, die den Vorteil hat, daß man den Parcours dann auch bei anderen Gelegenheiten wie z.B. Wanderungen nutzen kann. Abnehmbare Stationsschilder werden von den Kindern gerne mitgenommen oder umgehängt. An Wegekreuzungen oder Gabelungen kann der Verlauf der Strecke auf dem Weg markiert werden.

Ablauf am Veranstaltungstag

Die Begrüßung und Einweisung von 50 (oder mehr) Kindern erfordert eine kräftige Stimme. Einfacher geht es, wenn sich die Gruppen getrennt aufstellen.

Es hat sich bewährt, die Großgruppen schon vor Beginn in kleine Gruppen von drei bis fünf Kindern aufzuteilen, die dann die Aufgaben gemeinsam lösen. Jedes Kind bekommt einen Fragebogen.

Steht genügend forstliches Fachpersonal zur Verfügung, kann jede Gruppe von einer/m FörsterIn begleitet werden. Es reicht aber auch, wenn für die Durchführung der Waldlernrallye nur zwei bis drei Fachleute vor Ort zur Verfügung stehen. Diese haben folgende Aufgaben:

- Begrüßung der angekommenen Gruppen incl. Einweisung und Verteilung der Fragebögen,

- Betreuung der Gruppen, Begleitung an einzelnen Abschnitten des Parcours,

- Empfang der Gruppen, die den Parcours beendet haben, und Übergabe der Teilnahmeurkunden an die GruppensprecherInnen.

Durchführung

Abbau des Parcours

Es ist nicht nötig, die Stationsnummern zu entfernen und einzelne Stationen abzubauen (Baumscheiben, Holzhaufen), wenn der Parcours auch weiterhin für Führungen genutzt wird (siehe S. 18). Empfehlenswert ist nach Abschluß der Waldlernrallye, den Parcours zu Fuß abzugehen oder mit dem Fahrrad abzufahren. Es ist erstaunlich, was bei vielen teilnehmenden Kindern an verlorenen Bleistiften, Kugelschreibern, Rucksäcken, Brillen etc. im Wald liegenbleibt.

Wenn man Rückmeldungen zur Akzeptanz des Parcours erhalten will, kann man diese auf einem gesonderten Bogen erfragen, den man am Ende der Waldlernrallye austeilt (Muster S. 66).

Abschlußveranstaltung

Um die Waldlernrallye für die Kinder zu einem eindrucksvollen Erlebnis zu machen, sollte man sie nach Möglichkeit mit einer größeren Abschlußveranstaltung enden lassen. Diese muß spätestens zwei Wochen nach der eigentlichen Rallye stattfinden, damit die Erinnerung noch frisch und die Motivation noch hoch ist.

Geeignete Räumlichkeiten bieten normalerweise Gemeindehäuser, Kreishäuser, Schulen u. ä. Im Mittelpunkt der Abschlußveranstaltung, die nicht länger als 2 bis 2½ Stunden dauern sollte, stehen natürlich die Auslosung und Verleihung der gespendeten Preise. Die Preisvergabe sollte tatsächlich erst an Ort und Stelle stattfinden, um die Spannung zu erhöhen. Hat man die Waldlernrallye nach Altersgruppen getrennt durchgeführt, erscheint es sinnvoll, auch die Preise gesondert zu vergeben.

Für die Abschlußveranstaltung ist aber auch ein ansprechendes Rahmenprogramm sehr wichtig. Hier bieten sich zum Thema passende spannende Filme über Ökologie, Wald und Tiere, Diavorträge oder Quizveranstaltungen an. Reden von RepräsentantInnen aus Politik und Verwaltung sollten kurz und - worauf besonders zu achten ist - kindgerecht sein. Zu den Gästen der Veranstaltung können selbstverständlich auch VertreterInnen der Sponsoren gehören, die unter Umständen daran interessiert sind, "ihre" Preise selbst zu übergeben.

Nicht vergessen sollte man schließlich die Presse, denn: Welches Kind sieht sich nicht einmal gern selbst in der örtlichen Zeitung?

Durchführung

Nachlese

Soll die Waldlernrallye - was schön wäre - zu einer regelmäßigen Einrichtung werden, ist eine Nachbesprechung sinnvoll, um die Erfahrungen aller Beteiligten auszutauschen und auszuwerten. Jedes Jahr gibt es neue Erkenntnisse bezüglich Streckenführung, Inhalte einzelner Stationen oder Abläufe. Konstruktive Kritik trägt in diesem Zusammenhang dazu bei, das Programm immer weiter zu verbessern, Schwierigkeiten abzubauen und damit auch den Sach- und Personalaufwand zu verringern. Je mehr die eigentliche Organisation durch Routine entlastet wird, desto mehr Zeit bleibt für die Betreuung der Kinder. Die Verbesserungen können in einem Ergebnisprotokoll festgehalten werden, damit sie in die nächste Veranstaltung einfließen können. Auch der nächste Termin sollte schon hier langfristig vereinbart werden, wobei besonders die Vorgaben der Institutionen (Schulen, Träger der Jugendarbeit u.ä.) zu beachten sind.

Hinweise zur Weiterverwendung des Parcours

Die Verwendungsmöglichkeiten für einen einmal konzipierten Lernpfad sind mit dem Tag der Durchführung der Waldlernrallye keineswegs ausgeschöpft. Damit die darin investierte Arbeit weiter Früchte tragen kann, sind einige Gedanken zur Weiterverwendung des Parcours angebracht.

Voraussetzung für die weitere Nutzung des Parcours ist, daß die Markierung der Stationen dauerhaft ist, zumindest an den Stellen, an denen die Objekte, die beobachtet werden sollen, nicht gleich zu erkennen sind.

Notwendig ist es weiterhin, den entsprechenden Fragebogen auch außerhalb der Forstverwaltung und der beteiligten Gruppen zugänglich zu machen. Hier bieten sich Gaststätten und Jugendherbergen in der näheren Umgebung des Parcours als Ausgabestationen an. Auch wenn die Fragebögen für Kinder konzipiert sind, wird mancher Erwachsene sein Wissen über die Natur erweitern können. Ein weiterer dankbarer Abnehmer sind Verkehrsvereine, die den Lehrpfad als Freizeitangebot sicherlich nutzen können. Nicht zuletzt können die Forstämter für weitere Führungen auf den ausgewiesenen Parcours zurückgreifen.

Es lassen sich sicherlich noch weitere Verwendungsmöglichkeiten finden - lassen Sie einfach Ihre Phantasie spielen!

Auf der folgenden Seite findet sich ein Ablaufschema, das die organisatorische Vorbereitung der Waldlernrallye noch einmal zusammenfaßt.

Durchführung

Ablaufschema Waldlernrallye

Zeit	Aktivität
12-8 Monate	Suche nach Mitspielern
6 Monate	Auswahl des Geländes / Erarbeitung der Fragebögen / Auswahl der Stationen
5 Monate	Festlegung des Zeitpunktes
3 Monate	Versenden der Einladung, 1. Pressemitteilung
5 Wochen	2. Pressemitteilung
4 Wochen	Anmeldefrist
2 Wochen	Versenden des Ablaufplanes
1 Woche	Einladung an die Medien
1 Tag	Einführungsveranstaltung mit den Beteiligten
	WALDLERNRALLYE
1 Tag	Abbau des Parcours
2 Wochen	Abschlußveranstaltung
3 Monate	Nachbereitung

Material für Fragebögen

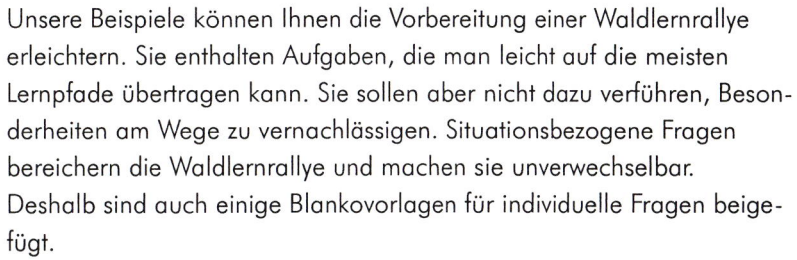

Unsere Beispiele können Ihnen die Vorbereitung einer Waldlernrallye erleichtern. Sie enthalten Aufgaben, die man leicht auf die meisten Lernpfade übertragen kann. Sie sollen aber nicht dazu verführen, Besonderheiten am Wege zu vernachlässigen. Situationsbezogene Fragen bereichern die Waldlernrallye und machen sie unverwechselbar. Deshalb sind auch einige Blankovorlagen für individuelle Fragen beigefügt.

Wir haben alle Fragen als Karten gestaltet und nach ihrer Eignung für die zwei Altersstufen gekennzeichnet (P/S). Der Buchstabe "P" bedeutet: geeignet für Grundschulkinder (hier etwa ab 8 Jahren). Der Buchstabe "S" bedeutet: für die Sekundarstufe 1 geeignet (ab 10/11 Jahren). Beide Buchstaben stehen, wenn die Aufgaben oder Aktivitäten für beide Altersstufen geeignet sind.

Mögliche Lösungen zu einigen Fragen sind den Aufgabenkarten beigefügt. Sie sind durch eine gestrichelte Linie abgetrennt, so daß sie leicht abgeschnitten werden können. Bei schwierigen Fragen kann man Antwortmöglichkeiten vorgeben.

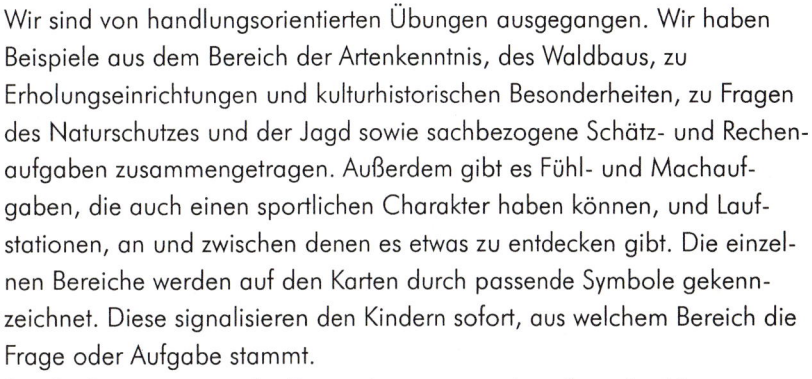

Wir sind von handlungsorientierten Übungen ausgegangen. Wir haben Beispiele aus dem Bereich der Artenkenntnis, des Waldbaus, zu Erholungseinrichtungen und kulturhistorischen Besonderheiten, zu Fragen des Naturschutzes und der Jagd sowie sachbezogene Schätz- und Rechenaufgaben zusammengetragen. Außerdem gibt es Fühl- und Machaufgaben, die auch einen sportlichen Charakter haben können, und Laufstationen, an und zwischen denen es etwas zu entdecken gibt. Die einzelnen Bereiche werden auf den Karten durch passende Symbole gekennzeichnet. Diese signalisieren den Kindern sofort, aus welchem Bereich die Frage oder Aufgabe stammt.

Bei der Beantwortung der Fragen kommt es nicht auf vergleichbare Lösungen an, da kein Wettkampfcharakter erzeugt werden soll. Die Waldlernrallye soll schließlich Spaß machen und nicht in einen Leistungswettbewerb ausarten. Denn das wichtigste Ziel ist ja, den Wald mit allen Sinnen zu sehen, zu hören, zu riechen und zu begreifen.

Zum Schluß noch ein praktischer Hinweis: Die einzelnen Karten können kopiert, ausgeschnitten und in beliebiger Reihenfolge je nach den örtlichen Erfordernissen zu Fragebögen montiert und geklebt werden. Wenn Sie die Aktivitäten auf Karteikarten "archivieren" möchten, empfehlen wir Ihnen, DIN A5-Karten zu benutzen und die kleineren Formate unterhalb des oberen Randes aufzukleben, damit Sie beim Durchblättern direkt die Altersempfehlung und die Symbole vor Augen haben. Ein Fragebogendeckblatt mit Erläuterungen für die Kinder folgt auf der nächsten Seite. Die 5 Waldgebote finden Sie auf S. 70.

Hallo,

bevor Du mit der Waldlernrallye anfängst,
lies Dir diese Erklärungen bitte aufmerksam durch.
Du sollst die Aufgaben mit Deiner Gruppe gemeinsam besprechen und lösen.
Du kannst die Antworten dann auf Deinen eigenen Fragebogen schreiben,
oder Ihr benutzt nur einen Bogen für die ganze Gruppe.
Ihr müßt Euch aber vorher für eine Möglichkeit entscheiden!
Die Waldlernrallye hat ___ Stationen.
An den einzelnen Stationen beantwortest Du Fragen oder kannst etwas tun.
Auf den Fragebögen gibt es Zeichen, die Dir verraten, worum es geht.

Hier kannst Du etwas betasten, genau hinhören oder hinsehen.
Manchmal kannst Du auch Sport treiben!

Hier geht es um besondere Eigenschaften
von einzelnen Baum- und Pflanzenarten.

Hier erfährst Du, wie ein Wald "funktioniert".

Hier kannst Du zwischen zwei Stationen bestimmte Dinge entdecken.
Augen offenhalten!

Hier stößt Du auf Plätze,
an denen man sich ausruhen und erholen kann.

Hier gibt es etwas zu sehen,
das meistens (aber nicht immer) mit der Vergangenheit zu tun hat.

Hier kannst Du rechnen!

Hier geht es um Naturschutz.

Hier geht es um die Jagd.

Viel Spaß!

!!! Was Du auspackst, pack auch wieder ein!
Beachte die 5 Waldgebote!
(Die findest Du übrigens auf der nächsten Seite.)

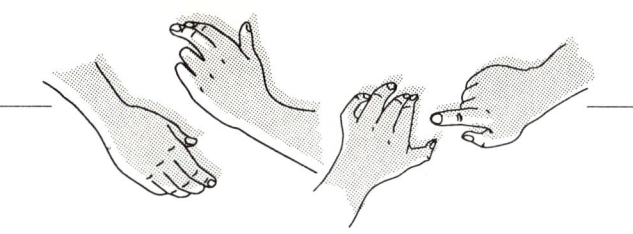

Fühl- und Machaufgaben

P/S

In den Tastboxen liegen Gegenstände aus der Natur.
Welche Dinge kannst Du ertasten?

a) _____

b) _____

c) _____

d) _____

e) _____

f) _____

Moos, Rinde, Laubstreu, Baumfrüchte (keine fleischigen), aber keine Tiere oder stacheligen Gegenstände

P/S

Hier stehst Du an einem Teich/Bach.
Versuche durch Fühlen mit der Hand
die Wassertemperatur zu ermitteln.

Trage hier die gefühlte Temperatur ein: ☐ °C

Willst Du wissen, wie gut Du geschätzt hast?
Dann schaue unter dem nächsten Baum/Steg nach.
Dort haben wir ein Thermometer befestigt.
Lies die Temperatur ab.

Trage hier die abgelesene Temperatur ein: ☐ °C

© Verlag an der Ruhr, Postfach 10 22 51, 45422 Mülheim an der Ruhr · **Die Waldlernrallye**

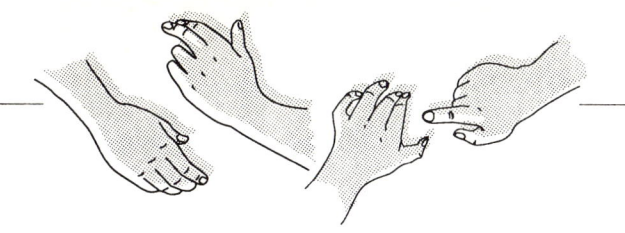

Fühl- und Machaufgaben

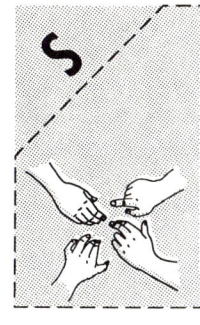

S

Zeichne den Standort der Übung (Deinen jetzigen Standort) in die Karte ein.

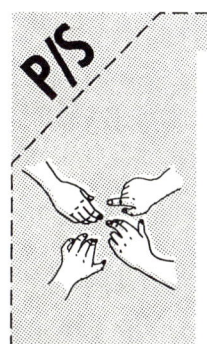

P/S

Versuche den Baum, der mit einem "X" gekennzeichnet ist, mit 10 Fichtenzapfen zu treffen.

Notiere Deine Treffer:

Mit welchen Zapfen kannst Du am besten werfen?

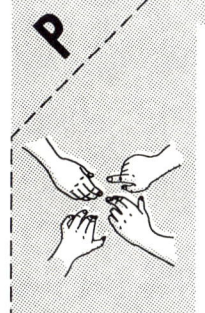

_____

P

Hier ist ein Seil durch den Wald gespannt.
Verbinde Dir die Augen und taste Dich vorsichtig am Seil entlang.
Das Seil soll immer rechts von Dir sein.
Achte darauf, was Du fühlst, riechst, hörst!
Schreibe es hier auf:

Gefühl: _____

_____

_____

Gehör: _____

_____

_____

Geruch: _____

_____

_____

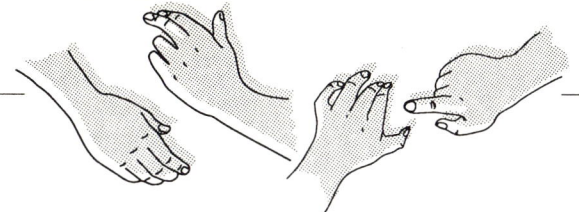

Fühl- und Machaufgaben

P/S

Balanciere über den Baumstamm.
Wir haben den Baumstamm in Meterstücke unterteilt.
Notiere die Meterzahl, bei der Du zum ersten Mal
mit dem Fuß den Boden berührt hast:

[   ] m

S

Hier steht Ihr vor einem Stapel Holz. Da er einen Raum von 1m³
(1 m x 1 m x 1 m) einnimmt, wird er als Raummeter bezeichnet.
Eure Aufgabe ist es, in Zweiergruppen den Stapel in acht Meter
Entfernung genauso ordentlich wieder aufzustapeln. Die Zeit wird
gestoppt.

[   ] min

S

Wir suchen die besten WaldarbeiterInnen! Welches Paar kann den
Baumstamm am schnellsten durchsägen?

Zeit: [   ] min

P

An dieser Station liegen viele Baumscheiben.
Wieviele Baumscheiben hast Du gestapelt,
ohne daß der Turm einstürzt?   [   ]

© Verlag an der Ruhr, Postfach 10 22 51, 45422 Mülheim an der Ruhr · *Die Waldlernrallye*

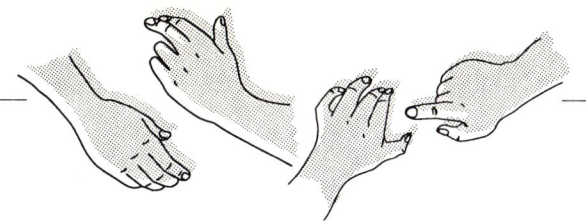

Fühl- und Machaufgaben

S

An dieser Stelle befinden sich 20 numerierte Baumscheiben von vier verschiedenen Baumarten. Von jeder Baumart sind fünf Baumscheiben vorhanden. Ordne nun jeder Baumart die Baumscheiben zu und trage die Nummer unten ein.

Buche: ☐☐☐☐☐   Fichte: ☐☐☐☐☐

Kiefer: ☐☐☐☐☐   Birke: ☐☐☐☐☐

P/S

Hier haben wir einige Bäume
mit einem Buchstaben gekennzeichnet.
Jeder Baum hat eine andere Rinde.
Taste mit Deinen Händen die Rinde ab
und beschreibe sie mit einem Eigenschaftswort
(z. B. glatt, rissig, schuppig usw.).

A _____

B _____

C _____

D _____

E _____

F _____

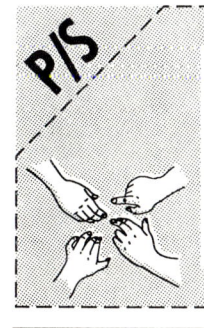

P/S

Sammle unterwegs eine Kleinigkeit, die Dir besonders gefällt und die Du als Andenken mitnehmen möchtest.
Nimm aber nur Dinge mit, die Du nicht abreißen mußt!

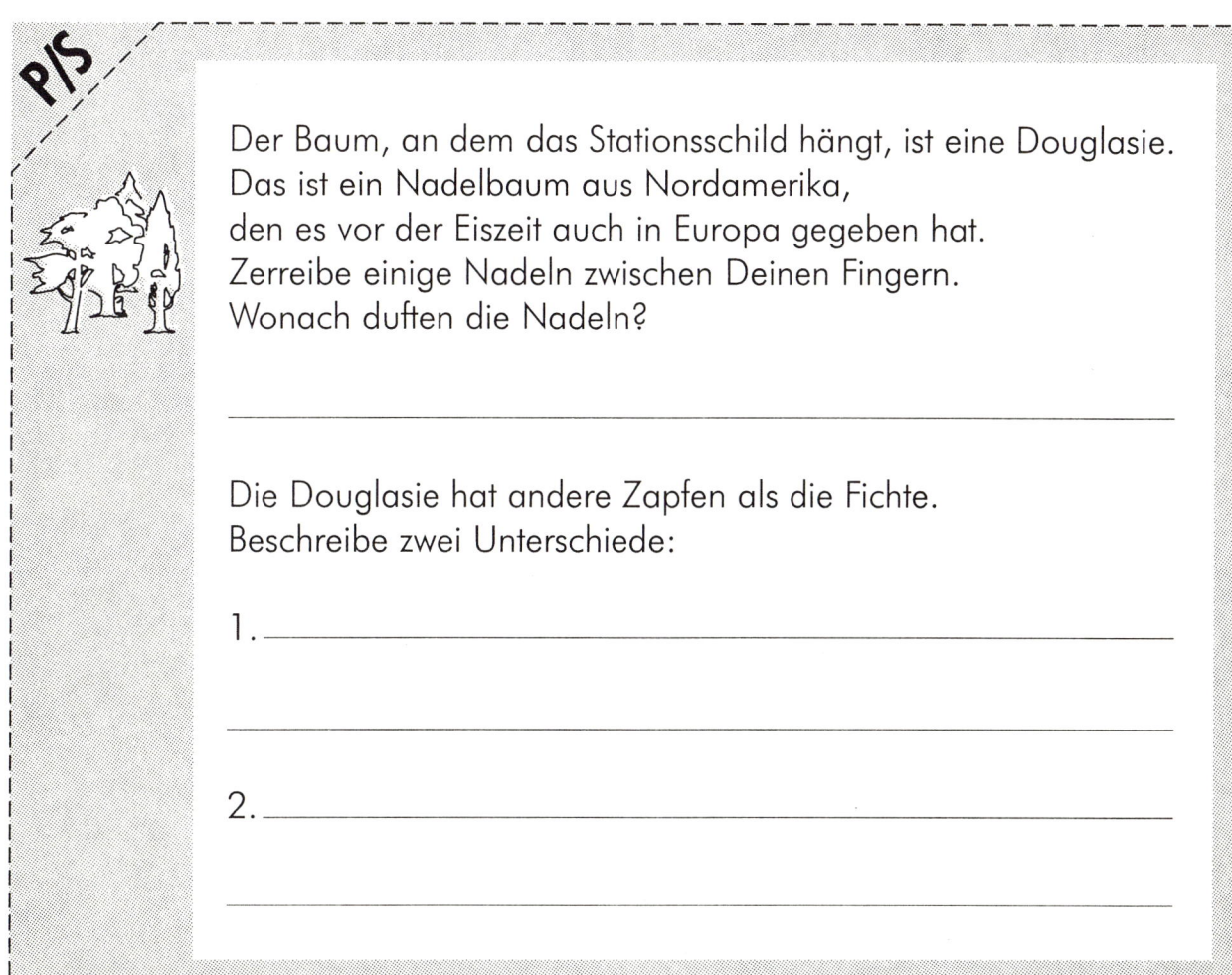

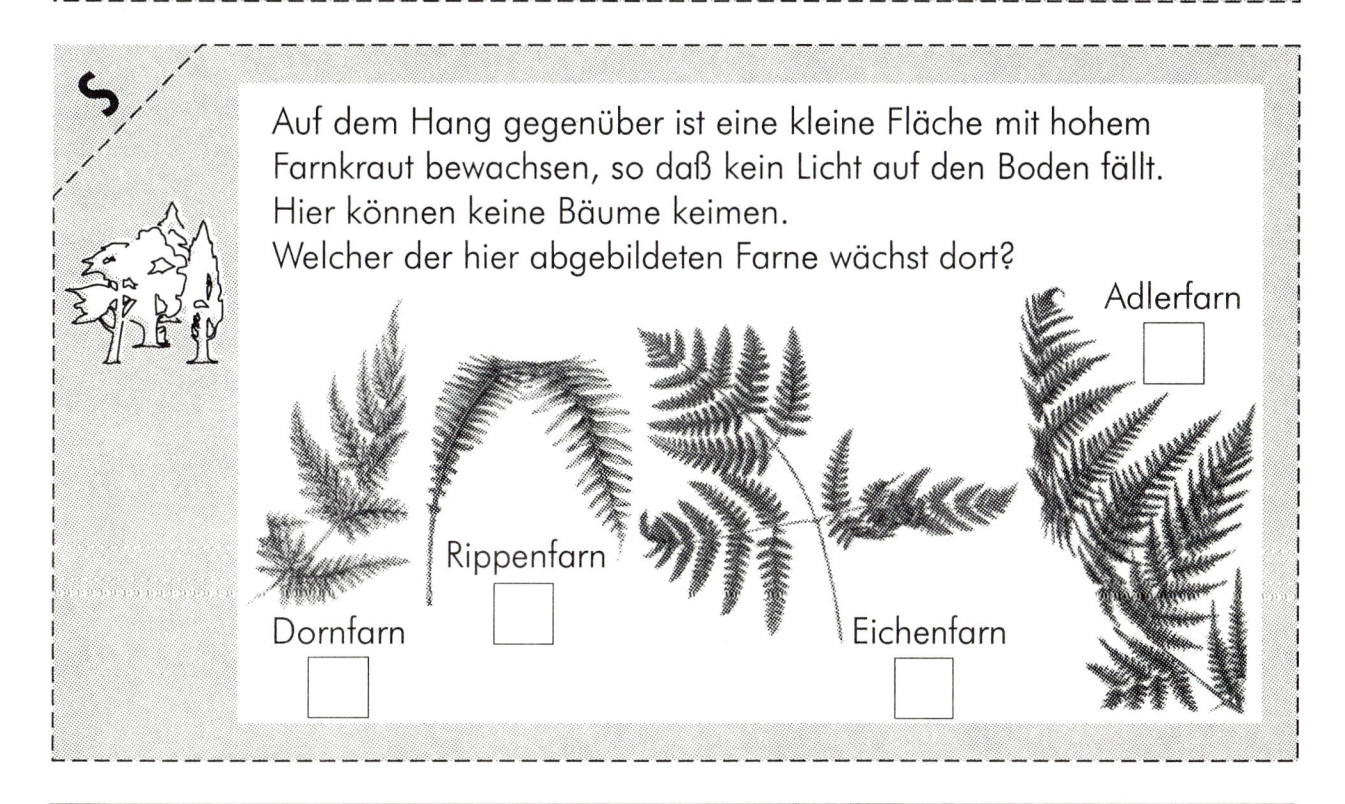

Artenkenntnis

P/S

Der Baum, an dem das Stationsschild hängt, ist eine Douglasie.
Das ist ein Nadelbaum aus Nordamerika,
den es vor der Eiszeit auch in Europa gegeben hat.
Zerreibe einige Nadeln zwischen Deinen Fingern.
Wonach duften die Nadeln?

_____

Die Douglasie hat andere Zapfen als die Fichte.
Beschreibe zwei Unterschiede:

1. _____

_____

2. _____

_____

S

Auf dem Hang gegenüber ist eine kleine Fläche mit hohem
Farnkraut bewachsen, so daß kein Licht auf den Boden fällt.
Hier können keine Bäume keimen.
Welcher der hier abgebildeten Farne wächst dort?

Adlerfarn ☐

Rippenfarn ☐

Dornfarn ☐

Eichenfarn ☐

Artenkenntnis

P/S

Wie heißt der Baum, an dem das Stationsschild hängt?
_____

Wie heißt der Strauch, an dem das Stationsschild hängt?
_____

Verwende zur Bestimmung die Blattabbildungen,
die Du mit dem Fragebogen bekommen hast.

S

An dieser Stelle wachsen verschiedene Bäume.
Welche Baumarten kannst Du erkennen?
_____

Warum wachsen diese Baumarten hier besonders gut?
_____

Standörtliche Unterschiede (trocken, naß)

P/S

Die Bäume, die hier stehen, sind Roteichen.
Das ist eine Baumart, die aus Nordamerika kommt.
Die Blätter und Rinde sind etwas anders
als die der heimischen Eichen.
Beschreibe die Unterschiede:

- Blatt: _____
  (Roteiche)
- Blatt: _____
  (einheimische Eichen)
- Rinde: _____
  (Roteiche)
- Rinde: _____
  (einheimische Eichen)

Artenkenntnis

P/S

Die meisten Baumarten kann man an der Rinde unterscheiden. Versuche aufgrund der unterschiedlichen Rinden zu ermitteln, wieviele verschiedene Baumarten im Umkreis von 15 Metern stehen.

P/S

Am Zaun auf der linken Wegseite siehst Du eine Kletterpflanze, die auch an Bäumen und Sträuchern hochrankt.
Wie heißt die Pflanze?

___

Womit rankt sich die Pflanze in die Höhe?

___

S

Hier haben wir drei verschiedene Nadelbäume mit Ziffern gekennzeichnet. Den folgenden Beschreibungen sollst Du nun die richtigen Namen und Ziffern der jeweiligen Bäume (Fichte, Douglasie, Lärche) zuordnen.

Nadeln: vierkantig, stachelspitzig, steif, sitzen auf Blattkissen
Zapfen: braun, hängend, länglich, als Ganzes abfallend
Rinde: rötlich-braun

Ziffer: ☐ Name des Baumes: ___

Nadeln: hellgrün, weich, dünn, im Herbst goldgelb, abfallend
Zapfen: klein, eiförmig, hellbraun bis graubraun, aufgerichtete Deckschuppen nach außen gewölbt
Rinde: anfangs graubraun, glatt; später hellbraun, zerfurcht

Ziffer: ☐ Name des Baumes: ___

Nadeln: flach, nicht stechend, wohlriechend, auf der unteren Seite zwei bläulich-weiße Längsstreifen
Zapfen: hängend, zimtbraun, Deckschuppen dreispitzig
Rinde: erst glatt, olivgrau mit Harzbollen; später rissig dunkel, in den Rissen ockergelb

Ziffer: ☐ Name des Baumes: ___

Artenkenntnis

P/S

Der Baum mit der Stationsnummer ist unten hohl.
(Du darfst ruhig hineingreifen).
Lebt der Baum trotzdem noch?   Ja ☐   Nein ☐
In welchem Stammteil werden Wasser und Nährstoffe transportiert?
_____

P/S

In diesem Baum befinden sich mehrere Löcher.
Wer hat diese Löcher in den Baum geschlagen?
_____

Warum wurden die Löcher in den Baum geschlagen?
_____
_____

Spechtbäume

S

Hier stehen einige Tannen zwischen den Fichten.
Vergleiche die beiden Baumarten und ordne folgende Begriffe den richtigen Baumteilen zu:
hell, rötlich, stumpf, spitz, am Zweig sitzend, auf Höckern sitzend, weißlich, dunkel, auf der unteren Seite zwei helle Streifen, auf der unteren Seite dunkelgrün

Tannennadeln: _____
_____

Fichtennadeln: _____
_____

Tannenrinde: _____
_____

Fichtenrinde: _____
_____

Waldbau

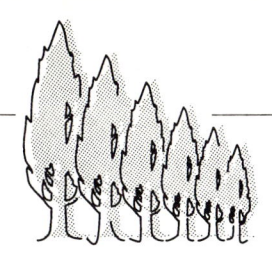

P/S

Längs des Weges verläuft ein Maschendrahtzaun.
Warum müssen junge Bäume mit einem Zaun geschützt werden?

_____

_____

Sind die jungen Bäume innerhalb des Zaunes gepflanzt worden (Pflanzung) oder haben sie sich von selbst ausgesät (Naturverjüngung)?

_____

_____

S

Der Baum mit der Stationsnummer hat eine große klaffende Wunde. Wodurch könnte die Wunde verursacht worden sein?

_____

Wie versucht der Baum, die Wunde zu schließen?

_____

P

Der Förster hat den Wald, um ihn besser bewirtschaften zu können, in Abteilungen eingeteilt.
Hier stoßen zwei Abteilungen zusammen.
Die Nummern sind deshalb an den Baum geschrieben.
Notiere die beiden Abteilungsnummern:

☐   ☐

© Verlag an der Ruhr, Postfach 10 22 51, 45422 Mülheim an der Ruhr - *Die Waldlernrallye*

Waldbau

P/S

Hier sind junge Fichten gepflanzt.
Schätze den Abstand in der Reihe (runde auf halbe Meter):

Schätze den Abstand zwischen den Reihen (runde auf halbe Meter):

P

Hier sind einige Bäume mit Nummern versehen.
Diese Bäume werden regelmäßig untersucht,
um die Entwicklung der Waldschäden zu kontrollieren.

Wieviele Bäume sind numeriert?

Ein Baum hat zwei Nummern.
Die obere Zahl ist die Nummer der Station:

P/S

Was fällt Dir an einigen Baumstümpfen in der Umgebung auf?

_____

Wie ist das passiert?

_____

Warum geschieht das bei Fichten auf nassen Böden sehr häufig?
Beachte die Wurzelteller!

_____

_____

Windwurf bei Fichten

© Verlag an der Ruhr, Postfach 10 22 51, 45422 Mülheim an der Ruhr · *Die Waldlernrallye* 31

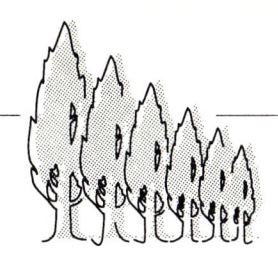

Waldbau

P/S

Der Waldstreifen links vom Weg
beherbergt verschiedene Baumarten.
Wie nennt man einen solchen Wald,
in dem verschiedene Baumarten miteinander vermischt sind?

_____

Der Förster oder die Försterin hat dies gerne,
da sich verschiedene Pflanzen gegenseitig helfen,
schützen und ergänzen.
Der Wald ist dann widerstandsfähiger gegen Gefahren.
Wieviele verschiedene Baumarten
kannst Du hier erkennen?
Achte auf die Rinde.

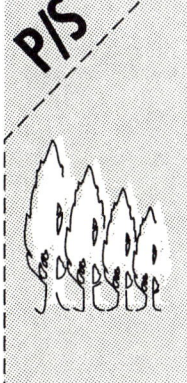

P/S

Hier kommen wir aus dem Wald heraus.
Du wirst sicherlich sofort den Unterschied
zum Waldinneren auf der Haut spüren.
Ordne folgende Eigenschaftsworte
den beiden Begriffen "Wald" und "Wiese" zu:

kälter, wärmer, windiger, heller, windstill, dunkler.

Suche noch je zwei weitere passende Eigenschaftswörter!

Wald: _____

_____

Wiese: _____

_____

© Verlag an der Ruhr, Postfach 10 22 51, 45422 Mülheim an der Ruhr · *Die Waldlernrallye*

Waldbau

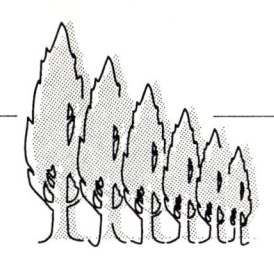

P

Entlang des Weges liegt frisch gefälltes Holz.
An den Schnittflächen der Bäume sind Zahlen angeschrieben
oder angeschlagen.
Die erste Zahl gibt die Nummer des Baumes
in der Holzliste wieder.
Die beiden anderen Zahlen beschreiben
(durch einen Querstrich getrennt)
die Länge des Baumes in Metern
und den Durchmesser in Zentimetern.

Welche Nummer hat der Baum in der Holzliste? ☐

Wie lang ist der Baum? ☐

Wie dick ist er? ☐

S

Manchmal muß der Förster ausrechnen, wieviele Bäume auf einem Hektar (100 m x 100 m) stehen. Schätze dazu den durchschnittlichen Abstand zwischen den Bäumen.

Nun rechnest Du:

100 ÷ ☐ (Abstand in Metern) = ☐

Das Ergebnis nimmst Du mit sich selber mal.

☐ · ☐ = ☐

(Anzahl der Bäume auf einen Hektar)

Waldbau

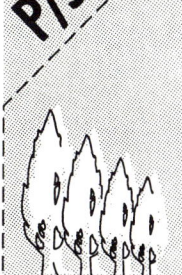

Betrachte die hier wachsenden Fichten ganz genau.
Unten haben wir Dir drei nackte Baumstämme aufgezeichnet.
Du sollst nun die grünen Äste hinzufügen.
Achte genau darauf, wo die einzelnen Bäume noch grüne, benadelte Zweige haben.

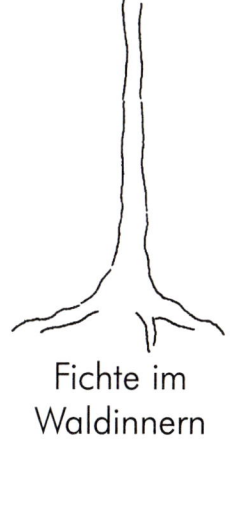

Fichte im Waldinnern

Fichte am Waldrand

Fichte freistehend

Waldbau

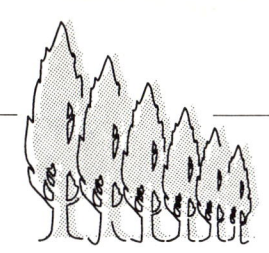

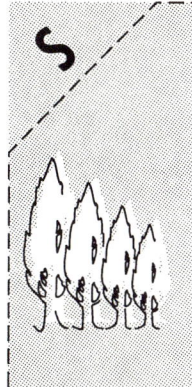

S

An dieser Stelle kann man gut den stockwerkartigen Aufbau des Waldes erkennen. Nenne zu jeder Schicht eine Pflanze, die hier wächst:

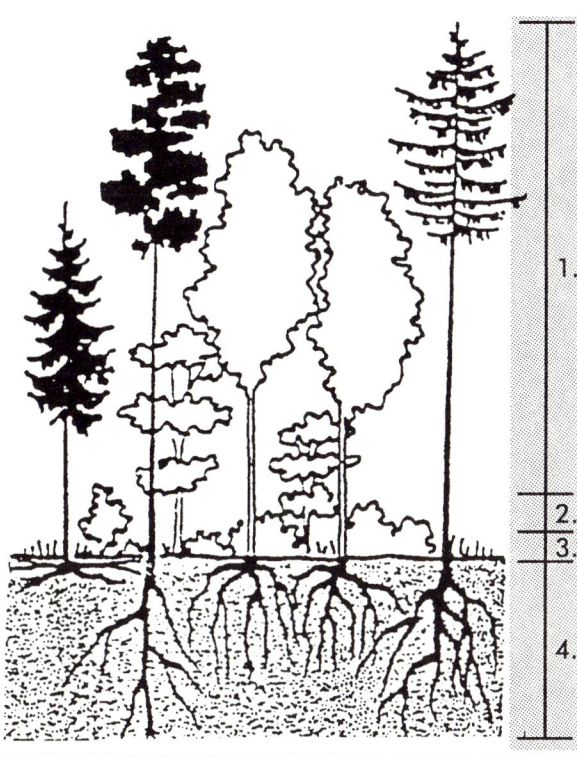

1. Baumschicht:
_____

2. Strauchschicht:
_____

3. Krautschicht:
_____

4. Wurzelraum:
_____

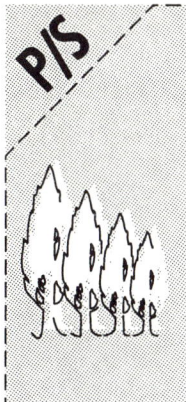

P/S

An dieser Stelle grenzen Laub- und Nadelwald aneinander, so daß man gut die Unterschiede feststellen kann.
In welchem Wald befinden sich mehr Bodenpflanzen?

_____

Woran liegt das?

_____

_____

_____

Waldbau

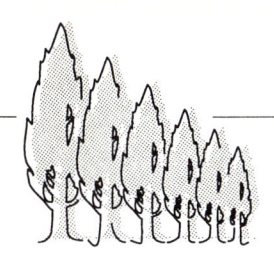

P/S

Erwachsene Borkenkäfer legen ihre Eier in der Rinde ab.
Die aus den Eiern schlüpfenden Larven fressen Rindenmaterial,
das für den Baum lebenswichtig ist.
Dadurch wird der Baum so stark geschädigt,
daß er absterben kann.
Mit Hilfe der Borkenkäferfallen kontrollieren FörsterInnen,
ob es hier viele Borkenkäfer gibt oder ob keine Gefahr besteht.
Wieviele Borkenkäferfallen stehen hier?

[ ]

Wie heißt der Lockstoff in der kleinen Tüte, die in der Falle hängt?

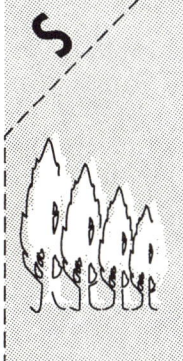

_____

S

Der Preis für einen Stamm Holz berechnet sich aus dem Holzpreis je Festmeter (1 m x 1 m x 1 m) und dem Volumen des Stammes. Berechne den Preis des rot markierten Stammes, der links vom Weg liegt, bei einem Holzpreis von 120,-- DM pro Festmeter. Das Volumen des Stammes kannst Du mit den beiden Zahlen berechnen, die an der Stirnseite des Stammes geschrieben sind. Die linke der beiden Zahlen gibt die Länge des Stammes in Metern an, die rechte Zahl beschreibt den Durchmesser in der Mitte des Stammes in Zentimetern.
Das Volumen des Stammes kannst Du mit der nachstehenden Formel berechnen:

[ ] m • [ ] m • [ ] m • 0,8 = [ ] m³
(Länge) (Durchmesser) (Durchmesser)   (Volumen)

[ ] m³ • 120 = [ ] DM
(Volumen)   (Preis des Stammes)

© Verlag an der Ruhr, Postfach 10 22 51, 45422 Mülheim an der Ruhr · *Die Waldlernrallye*

Erholungseinrichtungen

P/S

Um die erholungssuchenden WaldbesucherInnen
im Wald zu leiten,
sind die Wanderwege mit bestimmten Zeichen markiert.
Welche Zeichen findest Du hier?

_____

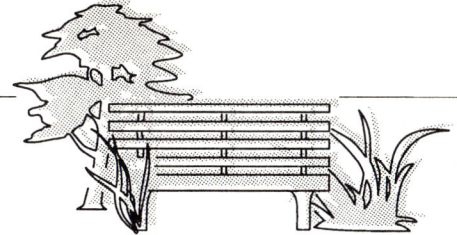

_____

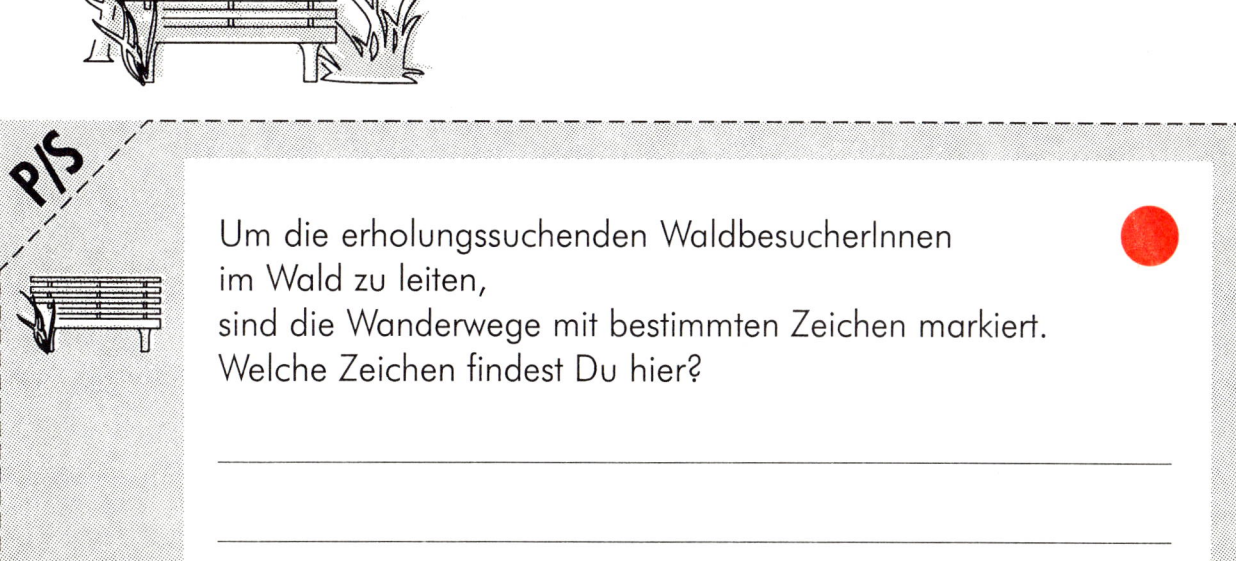

In welcher Höhe befindet sich das Zeichen in fünf Jahren,
wenn der Baum im Jahr 20 cm in die Höhe wächst?

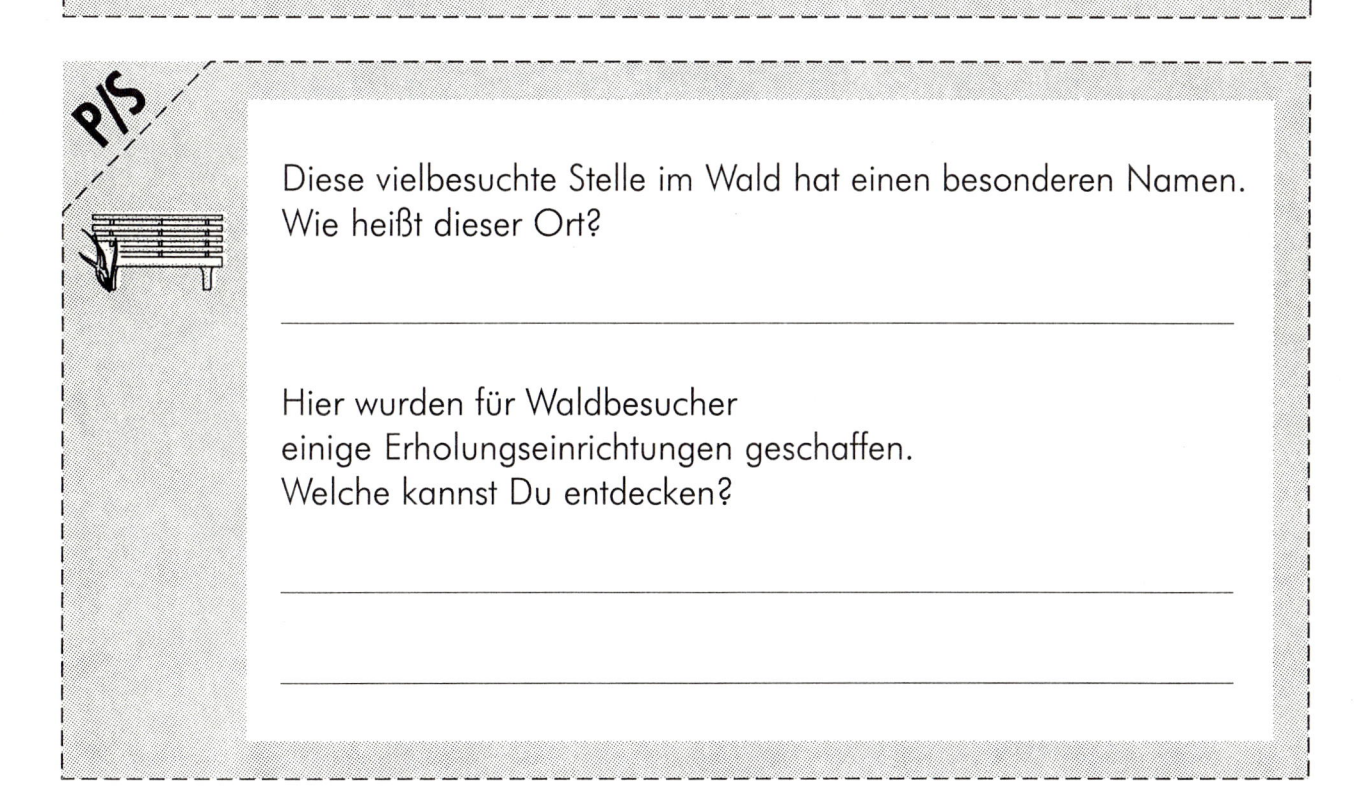

_____

P/S

Diese vielbesuchte Stelle im Wald hat einen besonderen Namen.
Wie heißt dieser Ort?

_____

Hier wurden für Waldbesucher
einige Erholungseinrichtungen geschaffen.
Welche kannst Du entdecken?

_____

_____

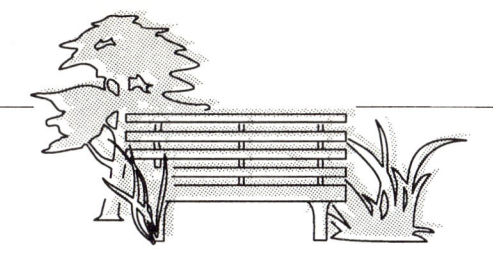

Erholungseinrichtungen

P/S

Hier befindet sich eine Grillstelle,
die BesucherInnen nach Anmeldung benutzen können.
Worauf muß man beim Grillen im Wald aufpassen?

_____

_____

_____

_____

P/S

Warum wurde die Bank wohl gerade an dieser Stelle errichtet?

_____

_____

_____

P/S

Hier steht eine Schutzhütte.
Findet Ihr Gegenstände, die nicht hier hingehören?

_____

_____

_____

Kulturhistorische Besonderheiten

P/S

Von hier kann man sehr gut _____ erkennen.
Wie wurde diese Einrichtung genannt?
(Entnimm den Namen der Karte.)
_____

kulturhistorische Besonderheit, Wälle, Wirtschaftshof,...

P/S

Rechts und links vom Weg befinden sich zwei Grünflächen.
Jede Fläche ist entweder eine Wiese oder eine Weide.
Eine Wiese erkennt man daran,
daß sie mindestens einmal im Jahr gemäht wird.
Eine Weide wird nicht gemäht, sondern vom Vieh abgefressen.
Entscheide, wie die beiden Flächen genutzt worden sind.

links: _____ rechts: _____

P/S

Hier wurde 19___ ein _____
aufgestellt.
Wir befinden uns also auf einer Grenze. Welche Grenze ist es?
_____

Grenzbezeichnung

P/S

Die Kohlenmeilerstelle ist eine kreisrunde ebene Fläche.
Hier stand früher einmal ein Meiler,
in dem das Holz der Buchenwälder,
die es damals hauptsächlich gab,
zu Holzkohle verkohlt wurde.
Kannst Du noch Holzkohle am Meilerrand finden?
_____

Kulturhistorische Besonderheiten

P/S

Entnimm der Karte den Namen des Ortes.

_____

Bach, Platz, Berg

P/S

Hier stoßen wir auf eine Sporteinrichtung.
Welche Sportart wird hier ausgeübt?

_____

Welche Aufgaben erfüllen die ineinander gelegten Holzzäune?

_____

Abfahrtshang mit Schneefangzäunen

P/S

Vorsicht! Hier stehen wir an einem kleinen Steinbruch.
Wonach riecht es hier?

_____

_____

Das, was hier abgekippt wird,
kann man anders besser verwerten.
Kreuze die Antwort an, die Deiner Meinung nach sinnvoller ist.

☐ verbrennen   ☐ zu Kompost verarbeiten

☐ vergraben   ☐ an Tiere verfüttern

Schätz- und Rechenaufgaben

Das Alter eines Nadelbaumes kann man leicht feststellen, da die meisten jedes Jahr einen neuen Astquirl bilden. Schätze das Alter der Fichte rechts vom Weg (rechne für die unteren, nicht sichtbaren Astquirle fünf Jahre dazu):

_____

Überprüfe an einem Zweig, wieviele Jahrgänge noch grüne Nadeln haben:

_____

Das Alter eines Laubbaumes kann man nur mit Hilfe der Jahrringe genau feststellen. Wie alt waren die Bäume, als sie gefällt wurden? (Wieviele Jahrringe hat die Baumscheibe?)

Dies ist ein sehr dicker Baum.

Schätze den Umfang des Baumes!

Benutze dazu entweder eine Armspanne (ca. 1,20 m) oder Deinen Fingerspanne-Abstand zwischen Daumen und gespreiztem kleinen Finger. Deinen Fingerspanne-Abstand kannst Du an dem abgedruckten Lineal messen.

Schätze den Durchmesser (Dicke) des Baumes:

Schätz- und Rechenaufgaben

P/S

In der alten Eiche rechts vom Weg hängt ein Nistkasten.
Schätze die Maße des Nistkastens:

Höhe:

Breite:

Tiefe:

Schätze den Durchmesser des Flugloches:

Für welche Vogelart ist er gebaut?

_____

S

Der Baum, an dem die Stationsnummer steht, hat einen Rauminhalt von ca. zwei Festmetern.
Schätze den Rauminhalt der Eiche rechts daneben!

_____

Schätze die Höhe der Eiche:

_____

Jagd

P/S

Von hier aus kannst Du einen Hochsitz sehen,
den Jäger bei der Jagd benutzen.
Es ist verboten, ihn zu betreten.
Nenne einen Grund dafür:

_____

_____

Woraus ist der Hochsitz gebaut?

_____

Wieviele Leitersprossen hat er?

_____

Warum wurde der Hochsitz an dieser Stelle gebaut?

_____

_____

P/S

Etwa 15 Meter hinter der Station im Wald
befindet sich eine "Suhle".
Versuche mit Deinen Worten eine "Suhle" zu beschreiben:

_____

_____

In der Suhle wälzen (baden) sich Wildschweine oder Rotwild.
Anschließend reiben sie sich an den umstehenden Bäumen.
Solche Bäume nennt man "Mahlbäume".
Woran erkennt man einen "Mahlbaum"?

_____

_____

Jagd

P/S

Hier stehen zwei Hochsitze, die nicht betreten werden dürfen.
Der hintere Hochsitz ist eine Leiter,
der andere wird als Kanzel bezeichnet.
Beschreibe Unterschiede zwischen beiden:

Kanzel: _____

_____

Leiter: _____

_____

P

In der Nähe haben Jäger
einen Leckstein auf einen Baumstumpf genagelt.
Welche Farbe hat der Stein?

_____

Woraus besteht der Stein?

_____

P/S

In der Nähe der Station steht eine Rotwildfütterung.
Aus welchen Einrichtungen besteht die Fütterung?

_____

_____

Rauhfutterraufe, Miete, Kraftfuttertrog, Salzlecke

Naturschutz

P/S

Wir haben hier einen guten Blick auf den kleinen Bach, dem wir bergauf folgen.
Beschreibe den Verlauf des Baches mit einem Eigenschaftswort:

_____

Wer hat den Verlauf des Baches bestimmt (kreuze an)?

☐ der Mensch   ☐ die Natur

P/S

Dies ist nicht der erste Ameisenhaufen an diesem Weg.
Du hast bestimmt schon einige gesehen.
Leben in diesem Haufen Ameisen?

_____

Kannst Du erkennen, ob dieser Haufen beschädigt ist?

_____

Ameisen sind sehr nützliche Tiere,
deshalb schützen FörsterInnen sie häufig.
Ist dieser Haufen besonders geschützt?

_____

P/S

Da es nicht in jedem Wald genügend alte Bäume mit Vögeln gibt,
müssen für bestimmte Tiere Nistkästen aufgehängt werden.
In welche Himmelsrichtung zeigt das Flugloch dieses Nistkastens?

_____

Welche Nummer hat der Kasten? _____
Für welche Tierart ist der Kasten geeignet?

© Verlag an der Ruhr, Postfach 10 22 51, 45422 Mülheim an der Ruhr - *Die Waldlernrallye*

Naturschutz

Hier wächst eine seltene Pflanze.
Es ist der Waldschachtelhalm, der auch eine Heilpflanze ist.
Zeichne die Pflanze ab, ohne sie zu beschädigen.

Laufstationen

Den Reiz der Laufstationen macht das Suchen und Beobachten aus. Kinder wollen und sollen etwas entdecken bzw. finden. Laufstationen sollten möglichst zwischen zwei aufeinanderfolgenden Stationen liegen und beim Erreichen der nächsten Station enden. Es ist sinnvoll, das erste zu findende Objekt sehr leicht zu machen (Erfolgserlebnis). Spätere Objekte können dann versteckter liegen. Wenn man Buchstaben zur Kennzeichnung benutzt, sollte man die alphabetische Reihenfolge einhalten.

P/S

Zwischen Station ____ und ____ haben wir ____ Bäume mit Buchstaben gekennzeichnet.
Bestimme die Baumarten mit Hilfe der Blattabbildungen, die Du mit dem Fragebogen bekommen hast.

a. _____

b. _____

c. _____

_____

P/S

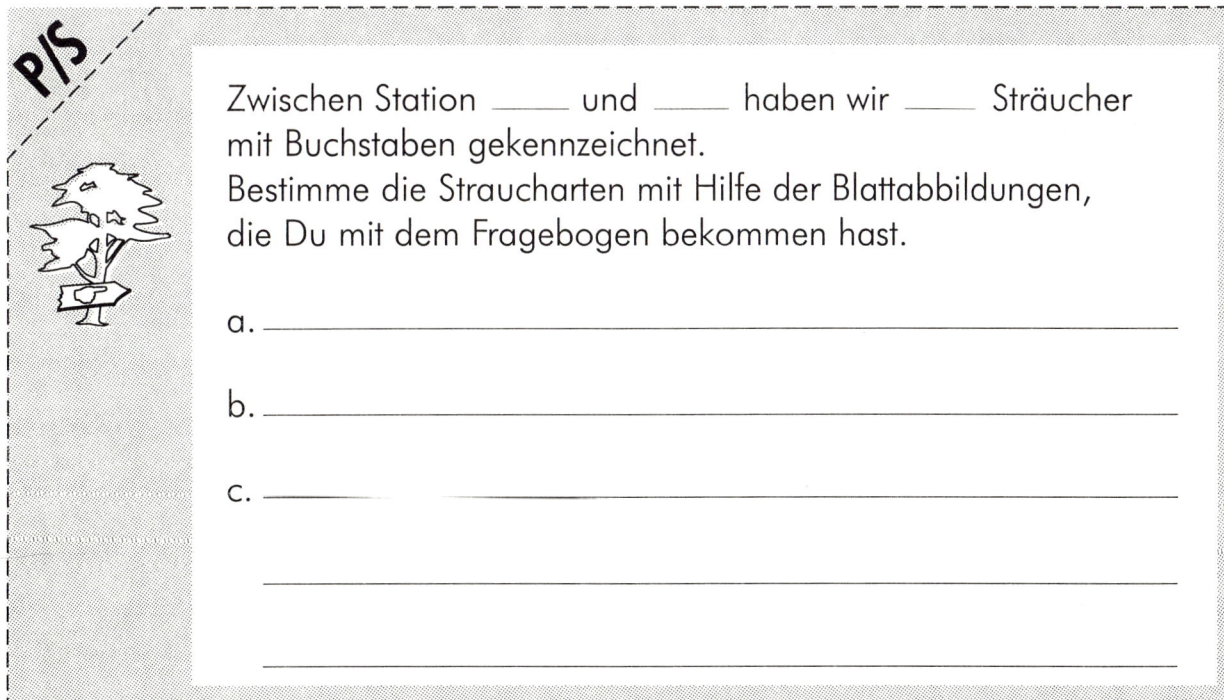

Zwischen Station ____ und ____ haben wir ____ Sträucher mit Buchstaben gekennzeichnet.
Bestimme die Straucharten mit Hilfe der Blattabbildungen, die Du mit dem Fragebogen bekommen hast.

a. _____

b. _____

c. _____

_____

Laufstationen

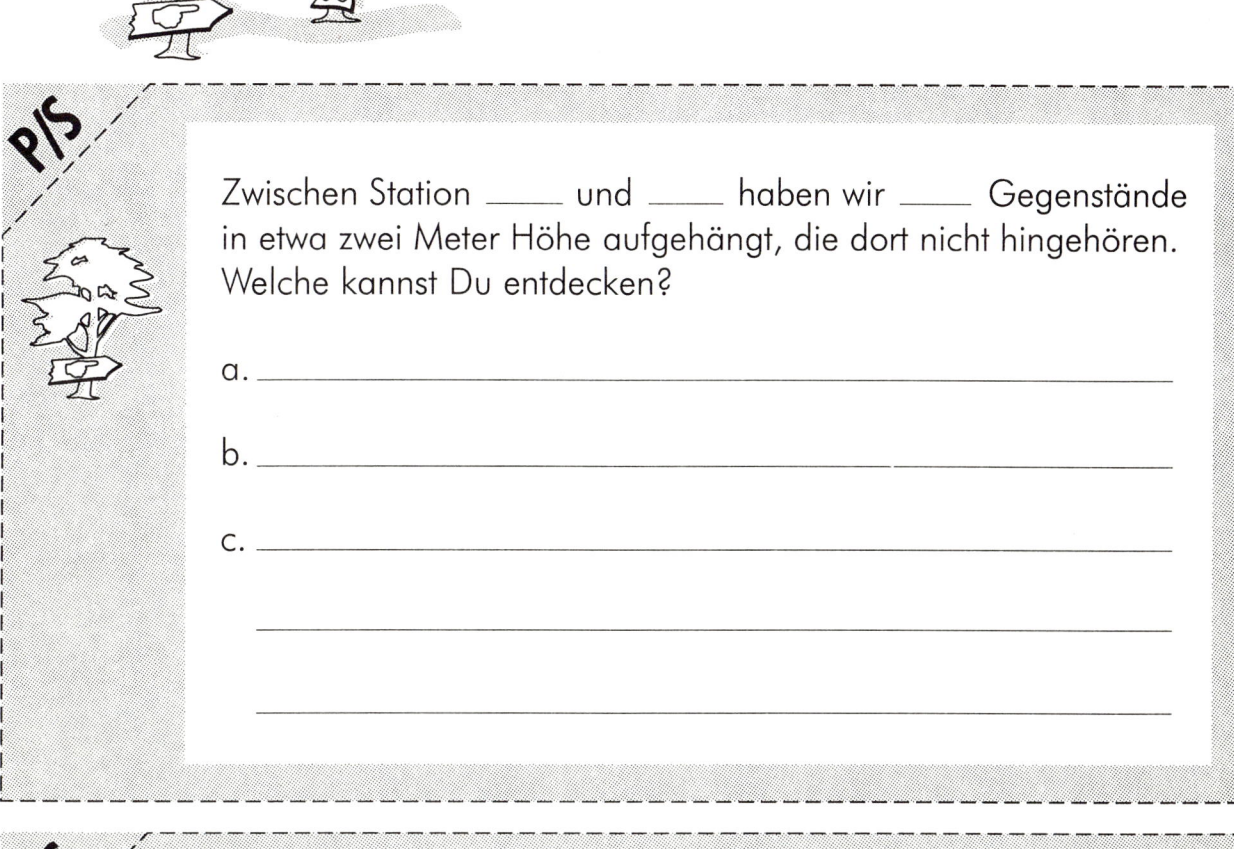

P/S

Zwischen Station ____ und ____ haben wir ____ Gegenstände in etwa zwei Meter Höhe aufgehängt, die dort nicht hingehören. Welche kannst Du entdecken?

a. _____

b. _____

c. _____

_____

_____

P/S

Da unsere Wirtschaftswälder wenig Totholz enthalten, haben unsere Höhlenbrüter (z. B. Kohl-, Blaumeise und Kleiber) nur wenige Brutplätze.
Da diese Vögel viele Schädlinge fressen, will man sie fördern, indem man Nistkästen aufhängt.
Wieviele zerstörte Nistkästen findest Du zwischen Station ____ und ____ ?

_____

Welchem finanziellen Wert entspricht die Summe der zerstörten Nistkästen, wenn ein neuer Kasten 25,-- DM kostet?

_____

Kannst Du Dir vorstellen, wer die Kästen zerstört hat?

_____

Was ist mit den Jungvögeln geschehen, wenn die Kästen während der Brutzeit zerstört worden sind?

_____

Laufstationen

P/S

Um den Wanderern und Spaziergängern im Wald die Orientierung zu erleichtern, sind viele Wanderwege mit Zeichen markiert. Deine Aufgabe ist es, alle unterschiedlichen Zeichen aufzuschreiben, die Du bis zur nächsten Station entdecken kannst:

_____

_____

P/S

Zwischen Station _____ und _____ sind sechs Bodenpflanzen mit Buchstaben gekennzeichnet worden. Welcher Buchstabe gehört zu welcher Pflanze?

Fingerhut: ☐   Eichenfarn: ☐

Huflattich: ☐   Fuchskreuzkraut: ☐

Waldsauerklee: ☐   Heidelbeere: ☐

P/S

Zwischen Station _____ und _____ wachsen _____ verschiedene Beerenarten. Welche kannst Du entdecken?

_____

_____

P/S

Die Strecke bis zur nächsten Station führt durch einen Hohlweg. Welche Tierspuren (Federn, verbissene Bäume, Losung, Knochen, Trittsiegel, Gewölle usw.) entdeckst Du am Boden?

_____

_____

© Verlag an der Ruhr, Postfach 10 22 51, 45422 Mülheim an der Ruhr - *Die Waldlernrallye*

Blankovorlagen

Fühl- und Machaufgaben

Blankovorlagen

Artenkenntnis

Blankovorlagen

Waldbau

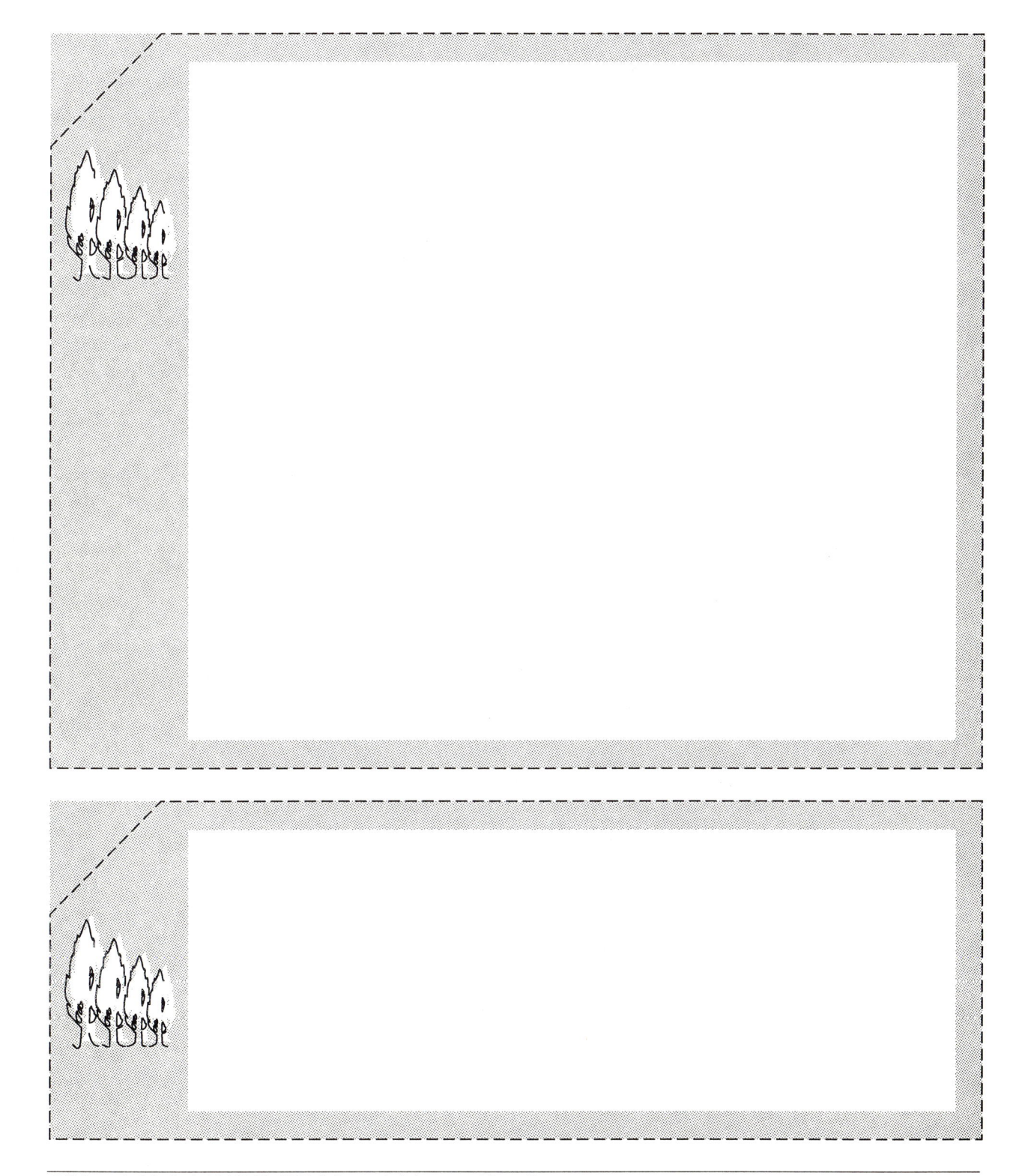

Blankovorlagen

Erholungseinrichtungen

Blankovorlagen

Kulturhistorische Besonderheiten

Blankovorlagen

Schätz- und Rechenaufgaben

Blankovorlagen

Jagd

Blankovorlagen

Naturschutz

Blankovorlagen

Laufstationen

Materialliste

Je nachdem, welche Aktivitäten man anbietet, braucht man folgende Gegenstände:

- ☐ Bügelsäge
- ☐ Sägebock
- ☐ Fichtenstangen
- ☐ einen Raummeter Holz
- ☐ sechs Tastboxen (besser 12)
- ☐ Gegenstände für die Tastboxen (Moos, Rinde, Streu, Baumfrüchte ...)
- ☐ Seil
- ☐ Fichtenzapfen
- ☐ Thermometer
- ☐ Baumscheiben
- ☐ Gegenstände zum Aufhängen (Strumpf, Schuh, Kugelschreiber, Blumentopf, Schneebesen, Regenschirm, Handschuh, Cola-Dose, Zigarettenschachtel, Nagel, Löffel, Perle, Tennisball ...)
- ☐ Kartenausschnitt
- ☐ Blattabbildungen* (Bäume und Sträucher)

Bei Übungen auf Zeit reicht eine Armbanduhr mit Sekundenzeiger, die die meisten Kinder selbst besitzen. Die Kinder können dann selbst die Zeit nehmen.

* Zahlreiche Blattabbildungen heimischer Baumarten finden Sie in: **Gestatten, Eiche!** Mit Kindern Bäume bestimmen. Verlag an der Ruhr 1995 (ebenfalls von der Höheren Forstbehörde Westfalen-Lippe herausgegeben).

_____, den _____ 199__

Einladung zur Waldlernrallye 199__

Sehr geehrte Damen und Herren,

am _____ , um _____ Uhr führt _____
in _____ eine Waldlernrallye durch.

Bei der Waldlernrallye wird ein Parcours mit verschiedenen Stationen begangen. Die TeilnehmerInnen erhalten vor Ort einen Fragebogen, in dem die Aufgaben zu den einzelnen Stationen formuliert sind. Die Aufgaben sind so angelegt, daß die TeilnehmerInnen eigene Erfahrungen und Beobachtungen in ihrem natürlichen Umfeld, dem Wald, machen können.

Eingeladen sind _____.
Die einzelnen Gruppen starten zwischen _____ Uhr und _____ Uhr, spätestens um _____ Uhr soll die Rallye beendet sein.

Wenn Sie an der Waldlernrallye teilnehmen möchten, senden Sie bitte das beigefügte Anmeldeformular ausgefüllt an den Absender zurück. Anmeldeschluß ist der _____ .

Weitere Informationen zur Waldlernrallye entnehmen Sie bitte dem beiliegenden Informationsblatt.

Mit freundlichen Grüßen

Informationsblatt zur Waldlernrallye (1)

1. Zielsetzung

Die Waldlernrallye soll keinen Wettkampf darstellen.
Bei der Durchführung der Waldlernrallye soll, evtl. im Rahmen eines Wandertages, eine handlungsorientierte, naturkundliche Begegnung mit dem Wald ermöglicht werden. Die Kinder erhalten vor Ort einen Fragebogen. Die darin enthaltenen Aufgabenstellungen zu den Stationen, Laufstationen und Übungen des Parcours sollen die Kinder dazu anleiten, eigene Erfahrungen und Beobachtungen in ihrem natürlichen Umfeld, dem Wald, zu machen.

2. Organisation und Ablauf der Waldlernrallye

2.1 Hin- und Rückfahrt

Da alle beteiligten Institutionen für die Beförderung zum Austragungsort selbst zuständig sind, können die Verantwortlichen nach Erhalt der Startzeit die Rückfahrt selbst festlegen. Sind Gruppen an feste Rückfahrtzeiten gebunden, so kann dies auf der Anmeldung vermerkt werden. Kosten für die Hin- und Rückfahrt können vom Veranstalter nicht getragen bzw. erstattet werden.

2.2 Zeitlicher Rahmen

Die Rallye wird innerhalb eines _____ durchgeführt. Jede Gruppe erhält eine Startzeit zugewiesen, die zwischen _____ Uhr und _____ Uhr liegt. Um eine Entzerrung des Ablaufs zu gewährleisten, werden die einzelnen Gruppen im Abstand von je 15 Minuten auf den Weg geschickt. Auf diese Weise sollen unterwegs Stauungen an den einzelnen Stationen vermieden werden. Wieviel Zeit sich jede Gruppe insgesamt nimmt, ist den Verantwortlichen freigestellt. Als Erfahrungswert kann man pro Kilometer 15 Minuten und zusätzlich für jede Station plus 5 Minuten ansetzen (z. B. 2 Kilometer mit 6 Stationen in einer Stunde). In der Vergangenheit hat sich gezeigt, daß man mit rund 3 Stunden für einen vollen Parcours rechnen kann.

2.3 Unterlagen

Die Erfahrungen der letzten Jahre haben gezeigt, daß es ratsam ist, für das Ausfüllen der Fragebogen eine feste Schreibunterlage (z. B. Holzbrett) und natürlich Schreibzeug mitzubringen. Des weiteren empfehlen wir, auf Verpflegung sowie regenfeste Kleidung und festes Schuhwerk zu achten.

Informationsblatt zur Waldlernrallye (2)

2.4 Parcours und Fragebogen

Die Kinder sollten möglichst in Gruppen zu dritt oder zu viert ihre Fragebögen zusammen besprechen. Der Erfahrungsaustausch unter den Kindern erleichtert die Bewältigung der Aufgaben. Insbesondere bei Grundschulkindern, die sich bemühen, alles möglichst genau zu notieren, werden so Streßerscheinungen vermindert. Insgesamt steht so mehr Zeit zur Verfügung, die Natur selbst wahrzunehmen.

An den Stationen werden Aufgaben zum Begreifen und Verstehen einzelner wichtiger Bestandteile und Erscheinungsformen des Waldes gestellt. Bei den Laufstationen wird das Bestimmen und Unterscheiden von einzelnen Pflanzenarten im Vordergrund stehen. Als Hilfsmittel dienen die Blattabbildungen, die dem jeweiligen Fragebogen beigeheftet sind. Bei den Übungen handelt es sich zumeist um sportliche Aufgaben, die die Geschicklichkeit der Kinder ansprechen, oder um Aktivitäten, bei denen durch direktes Fühlen und Ertasten natürlicher Gegenstände (z.B. Früchte des Waldes) ein größerer Bezug zur Natur geschaffen werden soll.

2.5 Preise

Alle Gruppen erhalten die gleiche Chance, einen der ausgesetzten Hauptpreise bei der Verlosung zu gewinnen. Trostpreise werden ebenfalls ausgelost.

2.6 Urkunden

Alle Kinder erhalten am Veranstaltungstag eine Urkunde über ihre Teilnahme an der Waldlernrallye.

2.7 Abfall

Ein besonderer Hinweis gilt dem Problem Abfall.
Bei der letztjährigen Waldlernrallye mußte seitens des Veranstalters festgestellt werden, daß einige Gruppen das Gebot "Abfälle wieder mitnehmen" nicht beachtet haben. Es sieht nicht nur unschön aus, es ist auch für viele Tiere gefährlich, Abfall im Wald zurückzulassen.

Deshalb die eindringliche Bitte: Weisen Sie die teilnehmenden Kinder vor Beginn der Veranstaltung bzw. während der Vorbereitung noch einmal besonders auf dieses Problem hin. Evtl. können besondere "Müllsäcke" mitgenommen werden.

Informationsblatt zur Waldlernrallye (3)

2.8 Fragebogen/Lösungen

Nun noch ein abschließendes Wort zu den Fragebögen selbst. Der ausgearbeitete Arbeitsbogen ist besonders auf die Jahrgangsstufe ___ abgestimmt. Da der Leistungsgrad und das Arbeitsverhalten jeder Gruppe unterschiedlich sind, können trotzdem einige Aufgaben als zu schwierig empfunden werden. Es ist daher zu empfehlen, diese Station(en) einfach zu überspringen. Diese Aufgaben geben den beteiligten PädagogInnen die Möglichkeit, später an die Thematik wieder anzuknüpfen, um somit das Interesse der Kinder langfristig zu binden. Davon abgesehen können selbstverständlich Verbesserungsvorschläge jederzeit eingebracht werden.

Bei der Einführungsveranstaltung (siehe Punkt 2.9) wird die Lösung gemeinsam erarbeitet, so daß eine Nachbereitung mit den Kindern gewährleistet ist. Hierbei kann natürlich eine gruppeninterne Wertung durchgeführt werden. Wie die einzelnen LeiterInnen hier vorgehen, bleibt ihnen selbst überlassen, da sie ihre Gruppen sicherlich am besten einschätzen können. Eine Auswertung durch den Veranstalter erfolgt nicht.

2.9 Einführungsveranstaltung

Die Teilnahme an einer Einführungsveranstaltung am Vortag der Rallye ist verpflichtend und wird am gleichen Parcours abgehalten, der dann auch von den Kindern am nächsten Tag "erlebt" wird.

Der im Rahmen dieser Veranstaltung von den Ausrichtern und PädagogInnen erwanderte Parcours soll dabei gemeinsam aufgebaut und besprochen werden. Die zu erstellenden Stationen beinhalten dann die Aufgaben der betreffenden Arbeitsbögen. Auch ist so jeder Lehrperson die Möglichkeit gegeben, einen individuellen Lösungsbogen zu erarbeiten. Es ist nicht vorgesehen, daß vom Veranstalter ausgearbeitete Lösungsbögen ausgegeben werden. Die Teilnahme an dieser Einführungsveranstaltung ist daher unbedingt notwendig, da ein reibungsloser Ablauf der Rallye nur aufgrund der Arbeit am Vortag gewährleistet werden kann.

_____, den _____ 199__

Anmeldung
zur Waldlernrallye 199__
und zur Informationsveranstaltung

Bitte in Blockschrift oder mit der Schreibmaschine ausfüllen !!!

Sehr geehrte Damen und Herren,

an der Waldlernrallye 199__ nehmen wir mit

_____ Gruppen und

_____ Kindern teil.

Mit freundlichen Grüßen

, den   199

Waldlernrallye 199

Sehr geehrte Damen und Herren,

aufgrund Ihrer Anmeldung zur Waldlernrallye 199__ wurde der endgültige Termin für die Teilnahme Ihrer Gruppe(n) auf den

              _____ um _____ Uhr (Pufferzeit _____ Minuten)

              in _____ festgelegt.

              Die Rallye wird voraussichtlich _____ Stunden dauern.

Die Einführungsveranstaltung mit integriertem Parcours-Aufbau findet statt am:

              _____

              Beginn: _____ Uhr

              Treffpunkt: _____

              (siehe Kennzeichnung im beiliegenden Kartenausschnitt)

Zur Vorbereitung auf die Waldlernrallye und die Einführungsveranstaltung füge ich einen Fragebogen zum entsprechenden Parcours und einen Kartenauszug mit eingezeichnetem Treffpunkt bei.

Die Kinder sollten am Rallyetag Schreibzeug, Schreibunterlagen, festes Schuhwerk, Regenkleidung und Verpflegung mitbringen.

Mit freundlichen Grüßen

Anlagen
1 Anfahrtsskizze (Treffpunkt)
1 Fragebogen

Fragebogen nach Abschluß der Waldlernrallye

Wie hat Dir die Waldlernrallye insgesamt gefallen?
_____

Welche Aufgabe hat Dir besonders viel Spaß gemacht?
_____
_____

Welche Aufgabe hat Dir überhaupt keinen Spaß gemacht?
_____
_____

Was sollte man beim nächsten Mal anders machen?
_____
_____

Was sollte man beim nächsten Mal auf jeden Fall genauso machen?
_____
_____
_____

Habt Ihr im Unterricht/in der Gruppe
über das Thema Wald schon gesprochen?
Wenn ja: Worum ging es?
_____
_____

**Und zum Schluß: Habt Ihr die Waldgebote beachtet?
Wo ist Euer Abfall?**
_____

, den   199

Waldlernrallye 199
Abschlußveranstaltung

Sehr geehrte Damen und Herren,

an der diesjährigen Waldlernrallye nahmen insgesamt _____ Gruppen

mit ca. _____ Kindern teil.

Auch in diesem Jahr soll eine Abschlußveranstaltung durchgeführt werden.
Sie findet statt am: _____ um _____ Uhr

im _____ .

Ich lade Sie hiermit recht herzlich dazu ein.

Folgendes Programm ist bisher vorgesehen:

1. _____ Uhr Begrüßung durch _____

2. Vortrag _____

3. Bekanntgabe der HauptgewinnerInnen und der GewinnerInnen der Sonderpreise

Es sind VertreterInnen aller an der Durchführung der Waldlernrallye 199_ beteiligten
Institutionen eingeladen.

Mit freundlichen Grüßen

Urkunde

_____

kann die Karte lesen und sich im Wald orientieren.

kennt die Waldgebote und verhält sich waldgerecht.

war bei Wind und Wetter im Wald unterwegs.

kann mit ihren Sinnen die Natur wahrnehmen.

kennt viele Kräuter, Sträucher und Bäume.

liebt die Natur.

ist eine Naturfreundin.

Urkunde

_____

kann die Karte lesen und sich im Wald orientieren.

kennt die Waldgebote und verhält sich waldgerecht.

war bei Wind und Wetter im Wald unterwegs.

kann mit seinen Sinnen die Natur wahrnehmen.

kennt viele Kräuter, Sträucher und Bäume.

liebt die Natur.

ist ein Naturfreund.

Die fünf Waldgebote

1. Immer auf den Wegen bleiben!

2. Keinen Lärm machen!

3. Kein Feuer anzünden!

4. Abfälle wieder mitnehmen!

5. Bäume, Sträucher und Kräuter nicht beschädigen!

Verlag an der Ruhr

Karteien für die Freiarbeit, Unterrichtsmaterialien für lebendiges Lernen und Üben, Projekte zu aktuellen Themen inkl. Kopierrecht

Text- und Geschichtenwerkstatt
Kl. 5-7, 78 S., zweifarbig, A 4, Papph.
Best.-Nr. 2146   36,- DM/sFr/267,- öS
90 zündende Ideen rund um das Freie Schreiben, geordnet in 10 Arbeitsbereiche (Satz-, Bilder- und Wörtergeschichten, Schau-Genau-Texte, Schreibspiele u.v.m.)

Kreativer Schreiben
Ab Kl. 5, 50 S., A4, Papph.
Best.-Nr. 0942   28,- DM/sFr/207,- öS
Witzige Zeichnungen und phantastische Ideen garantieren die „Initialzündung" für das Schreiben. Originelle „Schreibe" gegen die Einebnung von Sprache, mit vielen Hilfen in Form von Gebrauchsanweisungen, Tips oder Beispielen.

Irre Seiten: Packender Schreiben I
Kl. 6/7, 46 S., A4, Papph.
Best.-Nr. 0992   26,- DM/sFr/193,- öS
Texte zu verschiedenen Anlässen schreiben: Kurzinfos, Beschreiben und Erzählen, Standpunkte darlegen, Briefeschreiben, Gebrauchsanweisungen u.v.a.

Irre Seiten: Packender Schreiben II
Kl. 7-9, 47 S., A4, Papph.
Best.-Nr. 0999
26,- DM/sFr/193,- öS
Weiterführende Aufgabenstellungen.

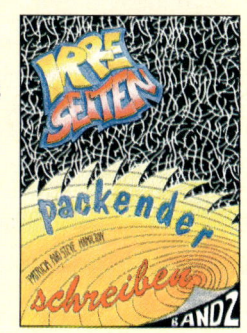

Warum nicht Literatur?
Kl. 6-13, 150 Karteikarten, A5
Best.-Nr. 0467   38,- DM/sFr/281,- öS
Eine große Auswahl „schülererprobter" Texte und ca. 50 verschiedene Methoden der aktionsreichen und „handfesten" Interpretation wie Umschreiben, Ergänzen oder Verfremden machen Lust auf den handelnden Umgang mit literarischen Vorlagen.

Literatur-Kartei: Umsonst geht nur die Sonne auf
Ab Kl. 5, 84 S., A4, Papph.
Best.-Nr. 2188   36,- DM/sFr/267,- öS
Buch und Kartei thematisieren Kindheit, Kinderalltag und Kinderarbeit einst und heute, die Unterschiede zwischen Arm und Reich, oben und unten und bieten vielfältige Möglichkeiten, um erste, eigene Vorstellungen über die berufliche und private Lebensplanung zu entwickeln.

Umsonst geht nur die Sonne auf
TB zur Kartei, 86 S.
Best.-Nr. 8289   8,90 DM *(im Vertrieb)*

Literatur-Kartei: Damals war es Friedrich
Ab Kl. 6, 81 S., A4, Papph.
Best.-Nr. 2124   36,- DM/sFr/267,- öS
Kartei und Buch machen deutlich, wie erschreckend leicht 1933 der alltägliche Schritt in den Faschismus war. Viele Arbeitsblätter und Informationsmaterial zu Hitlerjugend, Juden, Nationalsozialismus, Progrome, Widerstand u. a.

Damals war es Friedrich
TB zur Kartei, 144 S.
Best.-Nr. 8200   7,90 DM *(im Vertrieb)*

Literatur-Kartei: Eskimokartei
Ab Kl. 7, 82 S., A4, Papph.
Best.-Nr. 0965   36,- DM/sFr/267,- öS
Kartei zum Leben der Eskimos zwischen Tradition und Moderne. 30 Arbeitsblätter begleiten die Lektüre, fordern einen aktiven, kreativen Umgang mit Literatur. 31 Infoblätter erklären das Leben von Tier und Mensch in der Arktis, die Gefährdung der Natur und der Ureinwohner durch die moderne Zivilisation.

Julie von den Wölfen
TB zur Eskimokartei, 160 S.
Best.-Nr. 8251
7,90 DM
(im Vertrieb)

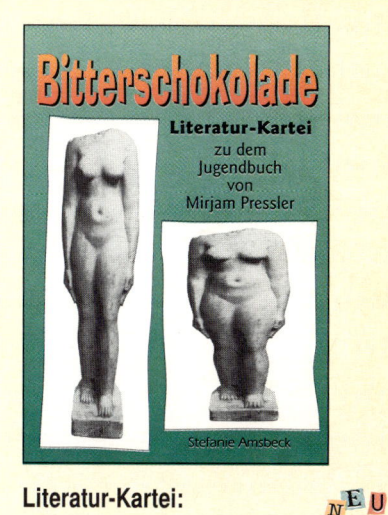

Literatur-Kartei: Bitterschokolade
Ab Kl. 7, 80 S., A4, Papph.
Best.-Nr. 2219   36,- DM/sFr/267,- öS
Die Kartei zu Mirjam Presslers Jugendbuch regt nach einer lockeren Phase der Texterschließung zum Schreiben und zum Fragenstellen an. Den Themenkreisen Genuß und Sucht, Ängste und Bedürfnisse, Familie und Identität nähern sich die SchülerInnen in Rollenspielen sowie zeichnend und gestaltend. Mit vielen Hintergrundinfos zur Suchtproblematik.

Bitterschokolade
TB zur Kartei, 124 S.
Best.-Nr. 8104   6,80 DM *(im Vertrieb)*

Weitere Empfehlungen:

- **Spielerisch üben: Deutsch – Sprache**
  Kl. 5-9, 80 S., A4, Papph.
  Best.-Nr. 2133
  36,- DM/sFr/267,- öS

- **Spielerisch üben: Deutsch – Grammatik**
  Lernspiele Geschichte
  Kl. 5-9, 78 S., A4, Papph.
  Best.-Nr. 2210
  36,- DM/sFr/267,- öS

- **Grammatik ohne Schrecken**

- Bd 1: Nomen
  Ab Kl. 5, 45 S., A4, Papph.
  Best.-Nr. 0475
  27,- DM/sFr/200,- öS

- Bd 2: Verben und Adjektive
  Ab Kl. 5, 45 S., A4, Papph.
  Best.-Nr. 0476
  27,- DM/sFr/200,- öS

- Bd 3: Flektierte Verbformen
  Kl. 5-8, 62 S., A4, Papph.
  Best.-Nr. 0912
  27,- DM/sFr/200,- öS

Geschichte ohne Staub

Arbeitsblätter Geschichte:
Das alte Ägypten
S. Elding, P. Newton, R. Prior, L. Richardson
(erscheint Juni 1996)
Ab Kl. 5, ca. 85 S., A4, Papph.
Best.-Nr. 2259 ca. 36,- **DM/sFr**/267,- öS

Die Zivilisation kommt aus Afrika. Über unsere Vorfahren, die metsaufend auf ihren Bärenfellen lagen, konnten die alten Ägypter nur lachen: effiziente Landwirtschaft, Schriftsprache, Kaufmannswesen und Buchführung, Astronomie, Pyramiden, Mumien. Nicht Kriege und Eroberungen, sondern kulturelle Leistungen prägen den historischen Stellenwert der altägyptischen Hochkultur.
Die „Arbeitsblätter Geschichte" vermitteln den Reichtum des Lebens am Nil auf vielfältige Art und Weise. Neben den klassischen Themenfeldern um Papyrus, Pyramiden und Pharaonen wenden sich die Kopiervorlagen intensiv dem alltäglichen Leben der Ägypter jener Zeit zu. Auch die Frage, wie die Archäologie eine versunkene Kultur zum Sprechen bringt, wird aufgegriffen. Hier lebt das Altertum!

Arbeitsblätter Geschichte:
Das alte Griechenland
J. Corn, S. Elding, R. Prior
(erscheint Juni 1996)
Ab Kl. 5, ca. 85 S., A4, Papph.
Best.-Nr. 2260 ca. 36,- **DM/sFr**/267,- öS

Phantastische Göttersagen, großartige Bauwerke, Olympische Spiele ... – die Antike brodelt. Viele unserer Mythen und Rituale, aber auch Dinge und Strukturen aus unserem Alltag haben ihren Ursprung im alten Griechenland.
Die „Arbeitsblätter Geschichte" schöpfen diesen reichen Fundus aus und machen ihn dabei erlebbar: Da werden grimmige Theatermasken gebastelt, die zwölf Taten des Herakles nachgestellt oder ein antiker Marktplatz entworfen. Auch Fragen der Geschichtsschreibung werden nicht ausgeblendet: Woher wissen wir eigentlich, wie die Schlacht von Marathon verlief? Welcher Geschichte vom Trojanischen Pferd sollen wir glauben?
Antike abgestaubt!

Lernspiele Geschichte:
Antike und Vorgeschichte
Friedhelm Heitmann
(erscheint Juni 1996)
Ab Kl. 5, ca. 80 S., A4, Papph.
Best.-Nr. 2263 ca. 36,- **DM/sFr**/267,- öS

Wie konnte man im alten Athen so richtig gut Geld machen?
Eine für den Geschichtsunterricht nicht gerade typische Frage, die aber für SchülerInnen die alten Griechen gleich viel lebendiger macht. Weitere Lernspiele führen über „Ötzis" Gletscher, durch das Niltal zur Zeit der Pharaonen, in den griechischen Götterhimmel oder durch den römischen Alltag. Verschiedene Spielformen wie Bingo, Quiz, Ereignisspiel, Meinungsumfrage und Puzzle verhindern Routine und fördern Wissen und Spielwitz.

Weitere Empfehlungen:

- **Simulationen zur Weltgeschichte**
  Kl. 7-10, 97 S., A4, Papph.
  Best.-Nr. 2132
  36,- **DM/sFr**/267,- öS

- **Die Würfel sind gefallen**
  Lernspiele Geschichte
  Kl. 5-10, 84 S., A4, Papph.
  Best.-Nr. 2153
  36,- **DM/sFr**/267,- öS

- **Bilder-Geschichte**
  Geschichte in Bildern und Situationen von den Römern bis zum Jahr 1945
  Überarbeitete Neuausgabe
  Kl. 5-10, 200 S., A4, Pb.
  Best.-Nr. 2221
  48,- **DM/sFr**/355,- öS

- **Projekt Geschichte**
  Ab Kl. 6/7, 112 und 123 S., A4, Pb.
  je 42,- **DM/sFr**/311,- öS

- **Bd 1: Vorgeschichte bis MA**
  Best.-Nr. 2128

- **Bd 2: Frühe Neuzeit bis Erster Weltkrieg**
  Best.-Nr. 2129

- *Tolle Ideen*
  Geschichte für Kinder
  5-11 J., 128 S., A4-quer, Pb.
  Best.-Nr. 2015
  24,80 **DM/sFr**/184,- öS

Geographie

Karten, Menschen, Märkte
Simulationsspiele für den Geographie-Unterricht
Max W. Fischer
(erscheint Juni 1996)
Ab 12 J., ca. 96 S., A4, Papph.
Best.-Nr. 2273 ca. 36,- **DM/sFr**/267,- öS

Ist es wirklich wichtig, die Namen von Hauptstädten auswendig zu wissen? Vermitteln Sie Ihren SchülerInnen doch neben dem souveränen Umgang mit Atlanten und Karten ein Verständnis für globale Zusammenhänge, für Marktmechanismen, für andere Länder und Völker. Wenn dabei Logik, komplexes Denken, Kooperationsfähigkeit und eine gehörige Portion Humor gefragt sind, dann macht Geographie richtig Laune. In dieser Mappe mit Impulsen für einen lebendigen Erdkunde-Unterricht finden Sie 22 Beweise, daß man sich ein Verständnis für globale Fragen auch spielerisch aneignen kann.
Über das geographische Rüstzeug hinaus erfahren die SchülerInnen am eigenen Leibe modellhaft, wie Menschen sich auf ihre Umweltbedingungen einstellen (müssen) und welche Konsequenzen dies beinhaltet. Wie gehen sie mit ihren Ressourcen um, wie organisieren sie sich untereinander und welche Beziehungen und Probleme erwachsen daraus? Wenn Ihre Klasse das „Dilemma des Ube-Stammes" löst, einen schwunghaften Handel auf der „Apfelbörse" betreibt oder in der „Mission Bosnien" den Ursachen für Kriege nachspürt, dann werden die Mechanismen bei der Entstehung von Staaten, Gesellschaftsstrukturen und ethnischen Konflikten deutlich und nachvollziehbar.

Weitere Empfehlungen:

- **Rund um den Erdball**
  Freiarbeit und Spiel im Geographieunterricht
  Ab Kl. 6, 84 S., A4, Papph.
  Best.-Nr. 2106
  36,- **DM/sFr**/267,- öS

- **Spielend die Erde erkunden**
  Überarbeitete Neuausgabe mit Alternativ-Ausgaben für die Schweiz
  Ab Kl. 6, 92 S., A4, Papph.
  Best.-Nr. 0925
  36,- **DM/sFr**/267,- öS

Leben lernen

Kommunikation und Selbstsicherheit
Interaktionsspiele und Infos für Jugendliche
Udo Kliebisch
Ab 12 J., 174 Seiten, A4, Pb.
Best.-Nr. 2209   42,- DM/sFr/311,- öS

NEU

Dieser Band enthält 26 Spiele, die es auch unerfahrenen GruppenleiterInnen ermöglichen, mit Jugend- und Erwachsenengruppen kommunikative Fertigkeiten und Selbstsicherheit Schritt für Schritt zu trainieren und für den Alltag zu erschließen. Alle Spiele sind klar strukturiert und enthalten ausführliche Hilfen von der Vorbereitung bis hin zur Auswertung. Die begleitenden Arbeitsblätter ermöglichen eine Vertiefung und spielerische Erweiterung der jeweiligen Schwerpunkte.

Selbstwahrnehmung und Körpererfahrung
Interaktionsspiele und Infos für Jugendliche
Udo W. Kliebisch, Dirk Weyer
Ab 12 J., ca. 196 S., A4, Pb.
Best.-Nr. 2274   ca. 42,- DM/sFr/311,- öS

In den Spielen des Bereichs „Selbst-Wahrnehmung" geht es um die Schulung eines ganzheitlichen Erlebens mit allen Sinnen, um das Erfahren eigener Stärken und Schwächen und um die Darstellung der Identität in der Interaktion mit anderen.
Die Übungen zur „Körper-Erfahrung" vermitteln unterschiedliche Formen von Entspannung und Anspannung und andere Arten der Körperempfindung, die für die Entfaltung der Persönlichkeit genutzt werden können, anhand von Elementen aus klassischen Entspannungstechniken, Massage-Experimenten und Spielen aus dem Sportbereich.
Die begleitenden Arbeitsblätter sorgen mit Anregungen für eine intellektuelle Auseinandersetzung und kontroverse Diskussion dafür, daß dabei auch der Kopf wahrgenommen und erfahren wird.

Konflikte selber lösen
Trainingshandbuch für Mediation und Konfliktmanagement in Schule und Jugendarbeit
K. Faller, W. Kerntke, M. Wackmann
Ab 10 J., ca. 150 S., A4, Pb.
Best.-Nr. 2220   ca. 38,- DM/sFr/281,- öS

Gewalt ist für viele Kinder und Jugendliche die nächstliegende und effektivste Möglichkeit, Konflikte zu lösen: nicht aus Lust an Streit und Gewalt, sondern weil sie keine anderen Möglichkeiten kennen, mit Konflikten umzugehen. Es gibt aber andere Formen konstruktiver Konfliktaustragung.
Mediation ist ein Ansatz, der auch für Konfliktregelungen in der Schule geeignet ist. SchlichterInnen stehen den Konfliktparteien hinsichtlich Alter, Geschlecht und Ethnizität nahe.
Das Handbuch enthält ein Ausbildungsprogramm für Jugendliche, in dem ihnen Grundregeln der Mediation und konstruktiver Konfliktaustragung vermittelt werden. Es bietet nicht nur Grundüberlegungen, sondern auch Organisationshilfen, das Curriculum und viele Beispiele für Spiele und Übungen.

Kooperation und Werthaltungen
Interaktionsspiele und Infos für Jugendliche
Udo Kliebisch
Ab 12 J., 158 S., A4, Pb.
Best.-Nr. 2211   42,- DM/sFr/311,- öS

NEU

„Anything goes?" Der vieldiskutierte Verlust verbindlicher Werte läßt viele Jugendliche denken, sie lebten in einer Gesellschaft von Einzelkämpfern. Das Buch wagt in über 20 ganzheitlich orientierten Psycho-Spielen den Versuch, Sinn für kooperatives Verhalten zu wecken. Darüber hinaus will es SchülerInnen bzw. Jugendliche zur spielerischen Auseinandersetzung mit Werthaltungen animieren. Infos für die intellektuelle Auseinandersetzung und die praxisorientierten Arbeitsblätter machen dieses „Spielebuch" zu einem runden Beitrag zum „gemeinsamen Leben-Lernen".

Weitere Empfehlungen:

- **Eingegrenzt und grenzenlos**
  Projektideen und Materialien zum Thema Grenzen
  (erscheint März 1996)
  Ab 13 J., ca. 80 S., A4, Papph.
  Best.-Nr. 2238
  ca. 36,- DM/sFr/267,- öS

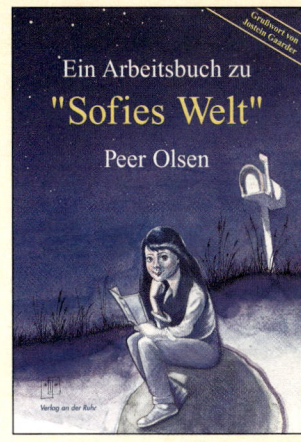

Arbeitsbuch zu „Sofies Welt"
Peer Olsen
Ab 14 J., 136 S., A4, Pb.
Best.-Nr. 2225   29,80 DM/sFr/221,- öS

NEU

Mit einem Grußwort von Jostein Gaarder

„Wozu lebe ich?" – „Hat mein Leben überhaupt einen Sinn?" – „Interessiert es eigentlich jemanden, was ich denke, was ich tue?"
Es ist nicht immer einfach, Jugendlichen auf solche Fragen zu antworten. Aber Lebensorientierung scheint heute wichtiger zu sein, denn je. Philosophie kann solche Orientierung liefern.
Jostein Gaarders „Sofies Welt" ist das Kunststück geglückt, philosophische Fragestellungen in eine spannende Romanhandlung zu kleiden, die Jugendliche wie Erwachsene gleichermaßen in ihren Bann zieht. Das Arbeitsbuch zu „Sofies Welt" gibt Tips für Lektüreeinstiege, stellt eine sinnvolle Textauswahl vor und schlägt einen Bogen von einfachen, aktuellen Fragestellungen zu philosophischen Antwortversuchen quer durch die Geschichte der europäischen Philosophie (von Sokrates bis Sartre).

Okkultismus
Materialien zur kritischen Auseinandersetzung
Wolfgang Hund
Ab 13 J., 220 S., A4, Pb.
Best.-Nr. 2226   49,80 DM/sFr/369,- öS

NEU

Der umfassende Grundlagenband zur kritischen Auseinandersetzung mit okkulten Phänomenen wendet sich an PädagogInnen in Schule und Jugendarbeit, aber auch „interessierte Laien" finden hier hinreichend belegt, was hinter den meist faulen Tricks steckt. Der Band ersetzt unsere beiden bislang zum Thema herausgegebenen Bände „Alles fauler Zauber" und „Erfahren und Hinterfragen", erweitert um aktuelle Zahlen, wichtige neue Kapitel und anschauliche Beispiele: ein Standardwerk für alle, die mit diesem Thema konfrontiert sind.

Mathematik und Kunst

Lotte Logo:
GeoGrufits
Hans J. Schmidt
Kl. 6-8, 57 S., A4, Papph.
Best.-Nr. 2078 28,- **DM/sFr**/207,- öS

Lotte Logos GeoGrufits sind groovy, und sie sorgen für die nötige Grundfitneß im Geometrieunterricht. So lernen die Kinder auf spielerische Weise, genau zu zeichnen: Kästchen ausmalen; Tierfiguren analog, vergrößert oder verkleinert ins eigene Heft übertragen; Sternenmuster in Sechs- und Achtecke übertragen; geometrische Muster verschieben, drehen oder an Achsen spiegeln; begonnene Muster u. Figuren nach Vorgaben weiterzeichnen. Bestens geeignet auch als lehrreicher Spaß in Vertretungs- und Freiarbeitsstunden.

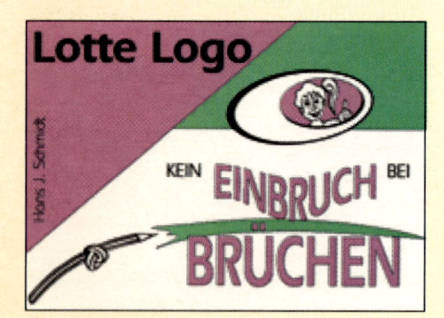

Lotte Logo:
Kein Einbruch bei Brüchen
Lernkartei fürs Bruchrechnen
Hans J. Schmidt
Kl. 6-8, 78 S., A4, Papph.
Best.-Nr. 2072 32,- **DM/sFr**/237,- öS

Lehrbuchunabhängige Rechenrätsel zu Themen wie Kürzen und Erweitern, Umwandeln in gemischte Zahlen und unechte Brüche, Größen-Vergleiche, Addition, Subtraktion, Multiplikation und Division.

Weitere Empfehlungen:

- **Wir basteln geometrische Körper**
  Modelle für den Mathematikunterricht
  Überarbeitete Neuausgabe
  Ab Kl. 9/10, 55 S., A4, Papph.
  Best.-Nr. 0947
  28,- **DM/sFr**/207,- öS

- **Pi mal Daumen**
  Schätzaufgaben und Überschlagsrechnungen
  Ab Kl. 6, 57 S., A4, Papph.
  Best.-Nr. 2168
  28,- **DM/sFr**/207,- öS

- **Mathespiele zum Selbermachen**
  Kl. 3-7, 64 S., A4, Papph.
  Best.-Nr. 0464
  30,- **DM/sFr**/222,- öS

- **Mathe spielend leicht**
  Mathespiele für die Sek. I
  Kl. 5-9, 60 S., A4, Spielpläne A3, Papph.
  Best.-Nr. 0488
  30,- **DM/sFr**/222,- öS

Lernzirkel: Bruchrechnen aktiv
Monika Schulte-Rentrop
(erscheint März 1996)
Kl. 5-7, ca. 50 S., A4, Papph.
Best.-Nr. 2262 ca. 27,- **DM/sFr**/200,- öS

Zirkeltraining ist nicht nur im Sportunterricht eine runde Sache! Wie sich dieses Lernprinzip auf den Klassenraum übertragen läßt, wird hier an einem „Dauerbrenner" des Mathe-Unterrichts gezeigt. Was sind Lernstationen? Wie sollten die Arbeitsmaterialien beschaffen sein? Welche Aufgaben bieten sich an? Praxistips und zahlreiche Materialien erleichtern den Einstieg in die vielseitige Arbeitsform Lernzirkel, bieten jedoch auch denen, die bereits damit vertraut sind, viele neue Anregungen.

Gleich, Gleicher, Gleichung
Lern- und Übungskartei zum Lösen von Gleichungen
Hans J. Schmidt
Ab Kl. 7/8, 87 S., A4, Papph.
Best.-Nr. 2162 35,- **DM/sFr**/259,- öS

Gleichungen? Gleich ist piepenhagen (= 88)!
Daß das Lösen von Gleichungen auch Spaß machen kann, hätten Ihre SchülerInnen sicher nicht gedacht: Hier kommen Aufgabenkarten zu vielen Gleichungstypen. Grundbegriffe (Term, Variable etc.) und Lösungsgrundlagen (Termumformung und -vereinfachungen, Waagemodell) werden vorgestellt und Lösungen erprobt.
Die Arbeitskarten lassen sich zum Gleichungsrechnen, zur Stoffwiederholung oder zur Freiarbeit einsetzen.

Kunst praktisch verstehen: Eine handlungsorientierte Kunstgeschichte
Das frühe 20. Jahrhundert
Iris Lange-Niederprüm
(erscheint März 1996)
Ab Kl. 4, ca. 85 S., A4, Papph.
Best.-Nr. 2232 ca. 35,- **DM**/259,- öS/35,- sFr

Es geht weniger um die „großen Maler" (obwohl man sie natürlich in nicht unerheblicher Zahl antrifft) als um einen Gesamtüberblick über die wichtigen künstlerischen Strömungen zu Beginn dieses Jahrhunderts. Neben anderen Stilrichtungen werden Expressionismus, Fauvismus und Surrealimus behandelt. Die Arbeitsmappe ergänzt damit die Reihe „Kunst aktiv", die zur Beschäftigung mit einzelnen populären Künstlern einlädt.

Weitere Empfehlungen:

- **Kunst aktiv: Vincent van Gogh**
  Kl. 4-7, 72 S., A4, Papph.
  Best.-Nr. 2164
  32,- **DM/sFr**/237,- öS

- **Kunst aktiv: Joan Miró**
  Iris Lange-Niederprüm
  Kl. 4-7, 63 S., A4, Papph.
  Best.-Nr. 2190
  32,- **DM/sFr**/237,- öS

- **Kunst aktiv: Pablo Picasso**
  Rainer Braxmaier
  Kl. 4-7, 76 S., A4, Papph.
  Best.-Nr. 2163
  32,- **DM/sFr**/237,- öS

Verlag an der Ruhr
Tel.: 0208 / 49 50 40
Fax: 0208 / 495 0 495

Postfach 10 22 51, D-45422 Mülheim an der Ruhr
Alexanderstraße 54, D-45472 Mülheim an der Ruhr

Für Bestellungen in Österreich:
Bitte bestellen Sie über den örtlichen Buchhandel.

Für Bestellungen in der Schweiz:
Informationsstelle Schulbuch, Postfach, CH-5001 Aarau

Absender:

Name

Straße / Nr.

PLZ / Ort

Schulform / Arbeitsbereich

Datum/Unterschrift

Dies ist nur ein kleiner Auszug aus unserem Katalog. Dort finden Sie Unterrichtshilfen für alle Fächer von Kiga bis Sek II. Fordern Sie unseren kostenlosen Gesamtkatalog mit Gutschein für Prüfexemplare an.

☐ Bitte senden Sie mir Ihren Katalog:
☐ Hiermit bestelle ich folgende/n Titel:

Anzahl	Best.-Nr.	Titel